列車種別
［特急］［急行］［快速］［準急］［普通］
探究読本

新田浩之

河出書房新社

列車種別の世界は奥が深くて面白い！◉はじめに

「列車種別」という言葉に、皆さんはどのようなイメージを持っているだろうか。「種別」とは少々堅苦《かたくる》しく聞こえるかもしれないが、ようするに「特急」「急行」「普通」といった区分のことである。

主に鉄道会社で用いられている言葉であり、ダイヤとも密接な関係にある。種別を設定しないとダイヤは組めないし、ダイヤが存在しなければ、種別も細かに設定できない。

だからこそ、種別の話題は鉄道ファンのあいだで論争になりやすい。鉄道会社がダイヤ改正を発表するたびに、インターネット上で「利用しやすくなった」「いや改悪だ」といった論争が起きる。２０２４（令和６）年3月のダイヤ改正でＪＲ京葉線の通勤快速が廃止された際には、ニュースでも大きくとりあげられたことは記憶に新しいだろう。やはり、ダイヤと種別は切っても切れない関係なのだ。

本書は、そんな種別の楽しみ方、そして種別を通じた鉄道会社の戦略を読み解いていく。

「快速急行」や「準急」と聞くと、多くの人は東京や大阪といった大都市圏をイメージするだろう。たしかに、種別にまつわるエピソードの多くは大都市圏にある。

しかし、本書は首都圏や関西圏のみならず、全国に視野を広げ、注目すべきエピソードをとりあげた。快速急行は何も大都市圏の専売特許ではなく、地方私鉄にも存在する。種別を通じて、意外な鉄道の姿も見られるのではないだろうか。

また、筆者は1987年生まれであり、国鉄を知らない世代である。だが、現代では考えられないような国鉄時代の興味深い種別事情にも言及した。種別を通じて、時をまたぐタイムスリップ的な旅も楽しんでもらいたい。

そして、鉄道ファンのあいだでは、急行が特急停車駅を通過するようなダイヤを「千鳥《ちどり》式」と呼ぶが、この「千鳥式」という用語を使用することも見送った。なぜなら、筆者が中学生のときに鉄道専門書を読んだ際、「千鳥」という言葉の意味が汲《く》みとれなかったからだ。

最近はノンアルコール志向が高まり、千鳥足な方を見かける機会も減ってきたように感じる。時代や世情を意識しつつ、「千鳥式」のような旧来の鉄道用語もできるだけ使わないように心がけた。

さまざま述べてきたが、「種別を知る」ことは興味が尽きないものだ。何を隠そう、筆者が鉄道に興味を持ったきっかけは種別である。「なぜ、阪神は快速急行が昼間に走るのに、阪急は昼間に走らないのか」——幼いときに抱いたこの疑問が、今に続く「鉄道探究」への道の一歩となった。

本書を、知っているようで知らない「種別」のワンダーランドの案内書として役立てて頂ければ幸いである。

新田浩之

列車種別　探究読本◉目次

1章 列車種別の基本を知る

2章

種別の見せ方、見分け方

3章

種別を読みとけば各社の戦略がわかる

4章

各社の〝看板種別〟。その変遷を探る

5章 消えていった種別、よみがえった種別

6章

西日本の鉄道、驚きの種別事情

7章 東日本の鉄道、こだわりの種別事情

カバーデザイン◉スタジオ・ファム
カバー写真◉blackie0335／PIXTA
本文写真◉PIXTA／フォトライブラリー
図版作成◉原田弘和

1章

列車種別の基本を知る

列車種別は、いつ、どのように誕生したか

特急や急行、快速といった分類、いわゆる「種別」は鉄道の専売特許のように思う人も多いだろうが、じつは想像以上に生活に溶けこんでいる。

たとえば、高速バスでは「特急」や「急行」は当たり前のように見られ、なかには「準特急」という種別も存在する。物流の世界においても、「旅行手荷物特急便」のように「特急」という種別が見られる。あまり数は多くないとはいえ、一部のスーパーマーケットでは「特急レジ」なるものが存在する。

それでは、鉄道の世界において、種別はいつ、どのように誕生したのだろうか。

日本の鉄道が開業したのは１８７２（明治５）年のこと。最初の開業区間が新橋―横浜間であることはご存じのとおりである。本開業時はすべての列車が、途中駅である品川、川崎、鶴見、神奈川に停車していた。

その10年後の１８８２（明治15）年、官営鉄道は品川と神奈川のみ停車する列車を設定し、「急行」と称した。この「急行」の設定こそが、優等種別の始まりといえる。ただし、このときに誕生した急行は、のちの国鉄・ＪＲの急行とは異なり、特別料金は不要だった。現在の「快速」に近いといえる。

長距離を走る急行や特急が誕生したのは、1894（明治27）年以降のことである。JR山陽本線の前身にあたる私鉄の山陽鉄道が、神戸―広島間に「急行」を設定。1901（明治34）年には、京都と下関を結ぶ最優等列車「最急行」が誕生した。この「最急行」こそが、今日の「特急（特別急行）」の元祖という説がある。官営鉄道も、1905（明治38）年に新橋―横浜間ノンストップの「最急行」を設定した。

しかし、この「最急行」も特別料金が必要な列車ではなかった。特別料金を徴収《ちょうしゅう》する列車は1906（明治39）年に誕生した新橋―神戸間の「最急行」が始まりだ。この「最急行」が、1912（明治45）年に「特別急行」となり、今日ある特急のはしりとなったのである。

なお、特別急行や急行は、このますんなりと成長したわけではなかった。障害となったのは戦争である。

1937（昭和12）年の日中戦争開戦以降、特別急行、急行といった優等列車の削減が行なわれた。1943（昭和18）年に特別急行が「第一種急行」、急行が「第二種急行」に改称。1945（昭和20）年までには東海道・山陽本線を除き、優等列車そのものが廃止に追いこまれた。

終戦になり一時的に復活したものの、戦後の石炭事情の悪化から、1947（昭和22）年1月に東海道・山陽本線も含めて、優等列車は全廃される。とはいえ、最悪の状態は長くは続かず、同年4月には急行が復活。1949（昭和24）年9月には特別急行も復活した。

このように、列車における種別の導入は当初、私鉄の山陽鉄道がリードし、官営鉄道が追随《ついずい》したというかたちだ。また、種別の維持・発展には平和が不可欠だということも、過去の歴史が教えてくれる。

JRの種別は「特急」「急行」「普通」の3つのみ

ＪＲは「正式な種別」と「実質的な種別」のふたつが存在するといってもよい。ここでは「正式な種別」を見ていきたい。

まず、ＪＲ各社の旅客営業規則によると、種別は「普通」「急行」「特別急行（特急）」の３種類しか存在しない。

これを聞いて、「いやいや、中央線の快速や京阪神の新快速など、全国には数々の快速列車が走っているではないか」という疑問を持つ人も多いだろう。さらには「快速」とひと言でいっても、通勤快速、特別快速、区間快速など、その種類は多種多様だ。

では、これらの「快速列車」は何に分類されるのか、というと、じつは旅客営業規則上では快速列車は「普通」に分類されるのだ。

そもそも、「ＪＲの正式な種別は３種類しか存在しない」という理屈はどこから来るのか。それは、優等列車に乗車する際の特別料金のシステムに起因する。

特急に乗車するには「特急券」、急行に乗車するには「急行券」が必要だ。これも、旅客営業規則に明記されている。つまり、特急や急行がもたらす速達性に対して、乗客が特別対価を支払うという格好だ。

一方、快速は「普通」と同じく、特別料金は発生しない。だから快速は「普通」に含まれる、という理屈なのだろう。見方を変えれば、「特別対価を支払っていないのに速達サービスを提供してくれる」快速は、とんでもない〝サービス列車〟なのだ。

また、旅客営業規則上の種別を見ると、もうひとつ興味深い事実を発見できる。それは、2024（令和6）年11月現在、定期列車の「急行」は消滅しているのに、旅客営業規則にはいまだに「急行」が存在しているのだ。つまり、臨時列車、もしくは定期列車において、今後も「急行」の運行はあり得るということだ。

よほどのことがない限り、JR各社の旅客営業

JR中央線快速も旅客営業規則上では「普通列車」

規則にある種別は変わらないのだろう。この種別が生きている限り、快速列車に乗車する際に特別料金は発生しない、ということである。

「特急」は、じつは正式な呼び方ではない

ふだん、当たり前のように「特急」という単語を耳にするが、正式には「特急」という名称はないとされる。正式名は「特別急行」であり、運転士が使うダイヤグラムでは「特別急行」という表記が見られる。しかし、略称である「特急」は戦前から広く使われており、列車側面に挿《さ》す種別板も「特急」であった。

一方、料金を定める国鉄、ＪＲの旅客営業規則は事情が異なる。もともと、国鉄の旅客営業規則では、急行券のなかに現在の特急券にあたる「特別急行券」があった。「特急券」ではなかったのだ。実際、国鉄時代のきっぷを見ると「特別急行券」と表記されている。

１９６４（昭和39）年の東海道新幹線開業により、特別急行料金のなかに「東海道本線（新幹線）」という小区分ができ、「新幹線特急券」と表記されるきっぷが登場した。ただ、この時点においても、在来線特急は従来どおり「特別急行券」だった。

大きな転機になったのが、１９６５（昭和40）年10月に実施された旅客営業規則の改定だ。この改定の目玉は、自由席特急券が登場したことだ。特別急行券のなかに「指定席特急券」「自由席特急

券」を設定した。ここで１９７０（昭和45）年10月以降の急行券の料金体系を整理したい。

急行券は普通急行券と特別急行券に区分される。そして、特別急行券のなかに指定席特急券、自由席特急券、立席《たちせき》特急券、特定特急券がある。この体系がＪＲ各社の旅客営業規則に引き継がれている。つまり、現在は「特別急行券」と称するきっぷは存在しないのだ。

このように微妙な存在だった「特別急行」という名称だが、札幌駅では国鉄民営化後も長らく「特別急行」と放送されていた。しかし、２０２４（令和６）年に、札幌駅でも「特急」と放送するようになった。

一方、小田急電鉄ではいまだに「特別急行券」と称するきっぷを発行している。全国的に見ても貴重な存在だけに、この特別なきっぷを入手したら、保存しておく価値は十分にあるといえる。

「特急＝特別料金が必要な列車」とは限らない

前項でも述べたとおり、ＪＲの特急列車への乗車には特急券が必要だ。特急で使用される座席もリクライニングシートを基本とする。

では、大手私鉄はどうなっているのだろうか。

ＪＲのように全席で特別料金が必要な特急を毎日走らせる大手鉄道会社は東武鉄道、西武鉄道、京成電鉄、小田急電鉄、名古屋鉄道（名鉄）、近鉄、南海電鉄だ。また、東京メトロ千代田線には小田急線直通の有料特急「メトロはこね」「メトロえのしま」などが走る。

しかし、ここで話は終わらない。京成電鉄が運行する成田スカイアクセス線経由の空港特急スカイライナーは特別料金が必要だが、京成本線経由で一般車を用いる快速特急・特急は特別料金不要だ。成田空港と羽田空港を結ぶアクセス特急も同様である。

また、名鉄と南海はリクライニングシート車と一般車両が同一編成の特急を運行している。つまり、リクライニングシート車に乗りたければ特別料金が必要、一般車は不要ということだ。一方、両社ともに全車両リクライニングシート車で構成された特急も運行する。

そのほか、地方私鉄のなかにも特別料金が必要な特急が存在する。たとえば、長野市内と湯田中駅を結ぶ長野電鉄は、特急の乗車にあたり特急料金が必要だ。とはいえ、一律大人100円である。長野電鉄の特急は、かつて小田急ロマンスカーやJR東日本の成田エクスプレスとして活躍した車両を使用しており、これに100円で乗車できるのだから、お得とも考えられる。

電鉄富山駅を起点に立山、宇奈月《うなづき》温泉へ向かう富山地方鉄道も特別料金が必要な特急を運行している。つまり、観光地への足となっている鉄道会社は、特別料金が必要な特急を運行する傾向にあるということだ。

次に急行だ。かつて、国鉄、JRには定期の急行列車が走っていた。現在も規定上は、急行の乗車には、特急料金より割安とはいえ急行券が必要となる。国鉄時代、急行の普通車は4人掛けの直角ボックスシートが主流であり、車内設備だけ見ると快速と大差はなかった。

リクライニングシート車と一般車両を併結した名鉄特急

旧小田急ロマンスカー車両で走る長野電鉄の特急「ゆけむり」

国鉄民営化後にリクライニングシートに取り換えるなどテコ入れを行なったが、車両自体は国鉄時代そのままだった。充実する快速に負けるかたちで急行は廃止されていったのである。

大手私鉄を見ると、特別料金が必要な急行を運行する会社はないが、かつて、東武は特別料金が必要な急行を運行していた。

そのひとつに、都心と北関東を結んでいた急行「りょうもう」が挙げられる。急行型車両1800系（1969〈昭和44〉年運行開始）が就《つ》き、座席は回転式クロスシートだった。リクライニングシートではなかったものの、少なくとも国鉄型急行列車よりも快適だった。

「りょうもう」は1999（平成11）年に急行から特急に格上げされ、現在に至る。2006（平成18）年に有料急行そのものが廃止となり、東武の名物がひとつ消えた。

地方私鉄を見ると、秩父鉄道が運行する「秩父路」は特別料金が必要な急行列車だ。数少なくなった有料の定期急行列車であり、土休日は羽生《はにゅう》—三峰口《みつみねぐち》間の全線にわたって運行される。使用車両は元西武の通勤電車新101系だが、座席は西武「ニューレッドアロー」で使用されていたリクライニングシートである。外見は急行、車内設備は特急といったところだ。

「各停停車」と「普通」の使い分け、関東と関西の違いは？

種別を語るうえでもっとも複雑なところは、普通列車の扱いかもしれない。基本的に全駅に停車する列車であるのだが、名称は「普通」と「各駅停車」が混在しており、大変ややこしい事態になっているからだ。ここでは、関東と関西で「普通」と「各駅停車」の扱い方を比較したい。

まずはJRだ。首都圏では東海道本線や湘南新宿ラインなど、中距離輸送を担《にな》う路線では「普通」という表記だ。これらの普通列車は、並走する京浜東北線や山手線の小駅は通過する。通過というより、もともとホームがない、といったほうが適切だろう。そのため、「各駅停車」と表記すると無用な混乱を招きかねない。

一方、中央・総武緩行《かんこう》線、東京メトロ千代田線と相互直通運転の関係にある常磐緩行線（常磐線各駅停車）、京浜東北線といった近距離輸送を担う路線では「各駅停車」を用いる。

一方、関西はシンプルで、「普通」で統一されている。興味深いのは東海道・山陽本線の快速だ。快速運転を行なう高槻《たかつき》（京都）—明石間は「快速」、他の区間は「普通」となる。とはいえ、首都圏と異なり、「普通」と「各駅停車」が混在しているわけではないので、まだわかりやすい。

大手私鉄に移ろう。関東では京急電鉄、京成電鉄、東武鉄道が基本的に「普通」表記だ。一方、京王電鉄、小田急電鉄、西武鉄道、東急電鉄、相模鉄道、東京メトロは「各駅停車」「各停」表記を基本とする。このなかで、西武は「普通」表記から、「各停」表記に変更した。

ここでややこしいのは「普通」派と「各停」派の境になる駅での案内表示器だ。たとえば、東武東上線と東京メトロ有楽町線・副都心線の境となる和光市《わこうし》駅の電光表示器では、東上線池袋行きは「普通」表記、東京メトロ直通列車は「各停」表記となっている。

京王電鉄の列車は「各停」表記で運行している

和光市駅上りホームの発車時刻案内板。東上線池袋行きは
「普通」、東京メトロ直通列車は「各停」と表示されている

今宮戎駅（写真）と萩ノ茶屋駅のホームは高野線のみにある。
停車する列車を「各駅停車」として、南海本線の「普通」と区別している

関西では「普通」表記が主流だが、駅での構内放送や車内放送では「各駅停車」と案内される。

例外は南海電鉄だ。南海は鉄道ファンのあいだで「普通」と「各停」を厳格に区分けする会社として知られている。

「普通」は南海線、「各停」は高野《こうや》線が用いる。南海線と高野線は難波―岸里玉出《きしのさとたまで》間は並走区間となっているが、今宮戎《いまみやえびす》駅と萩ノ茶屋駅は高野線のみにホームがあり、南海線にはホームがない。

そのため、「厳格に各駅に停まる」という意味を込めて、高野線では「各駅停車」なのだ。もちろん、放送でも南海線では「普通車」、高野線では「各駅停車」と案内される。

このように「普通」「各停」の表記事情は意外に複雑なのである。

新幹線は開業当時、「超特急」と「特急」に分かれていた

ここまではＪＲ在来線や私鉄について取り上げてきたが、新幹線の種別事情はどうなっているのだろうか。

つい、「のぞみ」や「はやぶさ」「はくたか」といった速達列車を思い浮かべるが、これらはどれも列車名である。つまり、「踊り子」や「サンダーバード」と同じ扱いだ。

在来線だと特急「踊り子」という案内をするが、じつは新幹線も正式には特急「のぞみ」であり、だからこそ、乗車には特急券が必要になるわけだ。整理すると、正式には新幹線の種別はひとつのみ、つまり「特急」である。

しかし、１９６４（昭和39）年の東海道新幹線開業時は違った。特急のほかに「超特急」という種別が存在したのだ。よく新幹線は「夢の超特急」と表現されるが、実際に存在したのである。

超特急となった列車名は、東京―新大阪間のうち、名古屋駅と京都駅のみ停車する「ひかり」だった。０系新幹線の側面に設置された種別・行先板にも「ひかり」の横に「超特急」と明記されていた。

一方、各駅停車タイプの「こだま」は「特急」であり、超特急「ひかり」に乗車するには特急「こだま」より割高な超特急料金を払う必要があった。今日の「のぞみ」料金に近い。

しかし、山陽新幹線の新大阪―岡山間が開業した1972（昭和47）年に「超特急」という種別は廃止されてしまう。

岡山開業にともない、「ひかり」は新大阪駅以西での停車駅パターンが細分《さいぶん》化され、新大阪―岡山間の各駅に停車する「ひかり」も登場した。また、すべての「ひかり」に自由席が設置されたのも、この岡山開業時である。

そして、超特急の廃止とともに、基本的に東海道新幹線の料金体系は統一された。1972年の岡山開業時には種別の統一も含め、さまざまな見直しが行なわれたことがわかる。

その後、平成に入り、1992（平成4）年に「のぞみ」が東京―新大阪間に登場した。当初の「のぞみ」は一部の列車が名古屋と京都を通過し、人々を驚かせた。しかし、「超特急」という種別は用いず、現在に至るまで特急である。

「超特急」と記された種別・行先板

ところで、東海道新幹線の列車は「のぞみ」「ひかり」「こだま」の3種類であり、それぞれの停車駅の性格もわかりやすい。しかし、東北新幹線は同じ「はやぶさ」であっても、一部区間は各駅に停車するタイプもあり、大変複雑だ。

いっそのこと、最速達列車に「超特急」という称号を与えたほうがわかりやすいのではと思うが、読者の皆さんはどのように考えるだろうか。

「ホームライナー」は特急なのか、快速なのか？

ここまで述べてきたとおり、ＪＲの種別はシンプルなように見えて意外と複雑で難しい。そのもうひとつの例が「ライナー」である。

近年は減少傾向にある「ライナー」だが、昭和末期から平成にかけて次々と誕生した。朝夕ラッシュ時に特急型車両を用いて運行し、停車駅も絞る。さながら「通勤特急」といった感じだ。乗車には普通運賃、定期券に加え、乗車整理券が必要となる。ただし、ＪＲ北海道の「ホームライナー」は２０２３（令和５）年3月から乗車整理券から指定券に変更した。

さて、「ライナー」の種別は何だろうか。多くの人は一部例外を除き乗車整理券が必要で、特急型車両を用いるのだから「特急」だと思うかもしれない。

手がかりのひとつになるのが、乗車整理券だ。ＪＲの旅客営業規則によると、乗車整理券は「特殊料金」に分類される。ここでは詳細は省《はぶ》くが、ようは急行券や特急券には該当しない——つまり、「ライナー」は快速（普通）ということになる。料金の説明だけでは、抽象的で少しわかりにくいかもしれない。ここからは特急「湘南」を例にとって、解説を進めていきたい。

特急「湘南」は2021（令和3）年3月ダイヤ改正時に登場した新宿・東京―小田原間を結ぶビジネスパーソン向けの列車だ。前身は国鉄末期の1986（昭和61）年11月改正で登場した「湘南ライナー」である。東京―平塚・小田原間に設定され、運行当初の使用車両は特急「踊り子」に用いられた185系だった。

乗車には乗車整理券が必要で、座席指定もできなかったが、着席が保証されていることで人気を博した。運行当初は車内販売もあり、車内で朝食をとることも可能だったようだ。ただし、座席指定ができないため、良い座席を確保するために、ホームには長蛇《ちょうだ》の列ができたという。

「湘南ライナー」は2021年3月、E257系への車両置き換えに合わせて、特急「湘南」に「格上げ」された。格上げという言葉からもわかるとおり、「湘南ライナー」は他のライナーと同様に特急ではなかったわけだ。特急化と新車両の導入により、快適性がアップしただけでなく、全車両が座席指定となった。

その一方で、特急への格上げにより特急料金が適用され、事実上の値上げとなった。そのため、SNSでは特急「湘南」格上げに対するさまざまな議論が展開された。

2024（令和6）年現在、「ライナー」を運行するのはJR北海道とJR東海の「ホームライナ

2021年3月ダイヤ改正で姿を消した「湘南ライナー」

JR北海道のホームライナーは函館本線の手稲—札幌間を結ぶ

ー」系列のみである。

ちなみに、勘のいい方ならお気づきかもしれないが、「ライナー」は快速（普通）であるから、乗車整理券の料金さえ支払えば、青春18きっぷでも乗車することが可能だ。

豪華な車両で走る観光列車は、やはり「特急」か？

いつ乗っても楽しい観光列車。観光列車はたいてい「リゾートビューふるさと」や「ふたつ星4047」などと列車名で呼ばれることが多く、利用客の多くは種別など気にしたことがないだろう。

とはいえ、特急であれば当然、乗車には特急券が必要であり、知っておくと役立つこともある。

いくつかの観光列車をピックアップして説明していきたい。

日本海側の五能《ごのう》線を走る「リゾートしらかみ」（秋田―弘前・青森）の種別は快速である。車内設備は2列＋2列のリクライニングシートのほかにコンパートメントも用意。コンパートメントは座席のシートを引き出すことができ、横になることもできる。

リゾートしらかみは五能線・奥羽《おうう》本線（東能代《ひがしのしろ》―弘前）を約3時間30分で走破する。これだけの所要時間があれば昼寝もできる、というわけだ。なお、普通列車だと同区間の所要時間は4時間を超えるから、約1時間早く終着駅に到着する。

それでは、SL列車はどうか。磐越西《ばんえつさい》線を走る「SLばんえつ物語」も快速である。過去も含めて、ＪＲが運行するＳＬ列車の種別は快速が主流だ。ＳＬは電車やディーゼルカーと比較するとスピード面では劣勢であり、さすがに特急にするには気が引けるといった感じだろうか。

ここまで見ると、観光列車は快速ばかりと思うかもしれないが、そうでもない。金沢駅と和倉《わくら》温泉駅を結ぶ観光列車「花嫁のれん」の種別は特急である。そして、七尾線《ななおせん》は電化路線にもかかわらず、「花嫁のれん」はディーゼルカーで運行されているのだ。途中停車駅は羽咋《はくい》と七尾のみ。金沢―七尾間の所要時間は約1時間20分で、普通列車と比べると10分以上速い。なお、令和6年能登半島地震のため、当面のあいだ、観光列車「花嫁のれん」は運転休止とのことだ。

また、電車特急「能登かがり火」は同区間を最速52分で走破する。これは電車とディーゼルカーとの速度差といえるだろう。２両編成のうち1両は半個室となり、友禅《ゆうぜん》のオールドコレクションをあつらった豪華な仕様だ。「和軽食セット」を頼むと、老舗《しにせ》料亭の味が楽しめる。

ＪＲ西日本が運行する「WEST EXPRESS銀河」も種別は特急だ。この列車はシーズンにより行き先が異なる。２０２４年7月〜9月は京都―新宮《しんぐう》間、２０２４年10月〜２０２５年3月は京都―下関間だ。ただし、電車特急なので、非電化区間には入らない。

「WEST EXPRESS銀河」のもうひとつの特徴が、昼間も夜間も走れるということだ。車内は2列＋2列の普通車リクライニングシートから、個室寝台のグリーン個室「プレミアルーム」まである。また、かつての寝台列車Ｂ寝台を彷彿《ほうふつ》とさせるノビノビ座席「クシェット」は普通車指定席券で利用可能だ。使用車両はかつての新快速専用車両１１７系だが、これだけの車内の充実度を考えると

「花嫁のれん」は北陸の伝統工芸をイメージしたデザインが特徴

WEST EXPRESS銀河の普通車指定席「クシェット」

特急ということも納得がいく。

私鉄に目を向けると、伊豆急行の「リゾート21」が面白い。「リゾート21」自体は1985（昭和60）年に登場した観光列車の最古参で、目玉は眺望《ちょうぼう》だ。

先頭車は映画館のような前面展望が楽しめる展望席、中間車には海側を向いた座席がある。まるで特急列車のような仕様だが、種別は普通だ。JR伊東線の熱海―伊豆急下田（一部は伊東、伊豆高原止まり）間の各駅に停まる。指定席もないため、普通乗車券で乗車できる。

かつては東京駅へ乗り入れたこともあり、その際は特急「リゾート踊り子」として運行された。「リゾート21」は車両の仕様を見れば特急だが、伊豆急行が出血サービスで普通として運行している、と解釈したほうがいいだろう。

このように、観光列車の種別は意外とバラバラだ。とくに「青春18きっぷ」を使って鉄道旅行する際は、観光列車の種別を確認することをお忘れなく。

貨物列車にも「特急」「普通」のような種別はある？

ここまで述べてきたとおり、一般の旅客列車には種別が存在するが、貨物列車に種別はあるのだろうか。牽引《けんいん》する機関車に行き先や種別が表記されているわけではないため、わかりにくいかもしれないが、答えは「存在する」。

まず、コンテナ列車では「ブロックトレイン」と「高速貨物列車」のふたつに分けられる。ブロックトレインとは特定の荷主が1編成の大半を貸し切るコンテナ列車だ。

たとえば、東京と大阪を結ぶ貨物電車「スーパーレールカーゴ」は佐川急便専用の貨物列車である。また、福山通運専用の貨物列車「福山レールエクスプレス」もブロックトレインだ。

高速貨物列車は最高時速85キロメートル以上で走る貨物列車のことを指し、最高速度が速い順からA・B・Cの3種別がある。

主要路線では停車駅により、3タイプに分けられる。私鉄ふうに表現するならば、「快速特急」「特急」「急行」といった感じだ。なお、ブロックトレインタイプは快速特急タイプ、特急タイプに含まれる。

たとえば、東京—関西—福岡間であれば、快速

佐川急便のブロックトレイン「スーパーレールカーゴ」

特急タイプは東京貨物ターミナル―福岡貨物ターミナル間をノンストップで走破する。特急タイプは広島貨物ターミナル駅、北九州貨物ターミナル駅のみ停車、相模貨物駅、幡生《はたぶ》操車場、北九州貨物ターミナル駅に停車など、さまざまな停車パターンがある。

急行タイプも特急タイプと同様に停車パターンがある。たとえば、ある急行タイプは川崎貨物駅、静岡貨物駅、京都貨物駅、神戸貨物ターミナル駅、姫路貨物駅、北九州貨物ターミナル駅に停車する。「急行」と表記したが、運転停車（乗務員の交代、機関車の付け替え、時間調整のための停車）は別として、意外と停車駅は少ない。なお、各駅に停車する普通タイプは幹線には存在しない。

また、上記の3パターンでは運行時間も異なる。快速特急タイプ、特急タイプは始発駅を深夜時間帯に発車することが多い。貨物列車もトラック便と同様に、深夜時間帯がもっとも需要が高いのだ。スーパーレールカーゴも東京発、大阪発ともに深夜発となる。一方、急行タイプは深夜だけでなく、日中時間帯に発車する列車もある。

ざっくりと解説したが、停車駅のタイプにより運行時間が異なる点は、貨物列車らしい特徴といえるだろう。

日本で唯一、「直行」が走るケーブルカーとは

通常、ケーブルカーの種別は「普通」しかない。そもそも、中間駅のある路線自体が少ないため、

優等種別を設定しようにも設定できない、というのが実態だろう。

しかし、世の中には優等種別があるケーブルカーがある。それが、近鉄が運営する生駒《いこま》ケーブルである。

生駒ケーブルは宝山寺《ほうざんじ》線（鳥居前―宝山寺）、山上《さんじょう》線（宝山寺―生駒山上）の２本立てだ。生駒ケーブルの役割は沿線住民の足、宝山寺への参拝のほかに、近鉄が運営する生駒山上遊園地への足も担っており、行楽シーズンになると、遊園地へ向かう子どもたちでにぎわう。

そのため、車両もメルヘン調で、駅のリニューアルも進んでいる。起点駅の鳥居前駅は生駒駅に近いことから、大阪都心からのアクセスの良さも人気の要因のひとつだ。

このうち、優等種別が設定されているのは山上線だ。山上線には途中に梅屋敷《うめやしき》駅と霞ヶ丘《かすみがおか》駅があ

生駒ケーブルの梅屋敷駅。「直行」列車は通過する

る。両駅とも山間《やまあい》にあり、乗降客数は少ない。ふだんは普通しか運行されないため、乗降客がなくても、律義に梅屋敷駅、霞ヶ丘駅に停車する。

ところが、多客時になると、宝山寺―生駒山上間をノンストップで走破する臨時便が設定される。このノンストップ臨時便には「直行」という種別が与えられ、普通とは明確に区別されている。直行として運行される際は、ケーブルカーの前面に設置された「直行」と記されたランプが赤く光る。

ちなみに、ケーブルカーと同じく山間の公共交通機関であるロープウェーには優等種別はなさそうだ。到底実現不可能な話だろうが、ロープウェー同士の追い抜きも一度は見てみたい、という思いはある。

2章

種別の見せ方、見分け方

種別表示の「色分け」、鉄道会社によって違いはある？

駅構内にある案内表示板や車両の前面や側面に設置された種別表示器が、種別によって何色で表示されるか、という問題がある。

何となく「特急は赤色」というイメージを持つ人が多いだろうが、つぶさに見ていくと、意外とバリエーション豊富なことに驚かされる。ここでは、大手私鉄をピックアップしながら、それぞれの種別が何色で表示されているかを確認したい。

まずは特急だ。ここでは便宜《べんぎ》上、特別料金が不要な特急を運行する大手私鉄を見ていく。

結論から先に記すと、やはり赤系統が多い。東急東横線の特急はオレンジ色だが、「明るい色」という解釈からいけば、赤色と似ていると結論付けていいだろう。特急は最優等列車であることが多く、停車駅も多いことから、利用客の注意を惹《ひ》くうえでも、もっとも目立つ赤色を採用しているのだろう。

また、特急は急行や普通と並び、歴史が長い種別であることから、結果的に赤色というシンプルな色に落ちついている感もある。

もちろん、例外もある。その代表格が相模《さがみ》鉄道（相鉄）だ。相鉄は都心方面に限り、行き先・乗り入れ先によって種別色が異なるのだ。ＪＲ埼京線直通列車は緑色、東急東横線直通列車はピンク

「相鉄・東急直通線」「相鉄・JR直通線」路線図

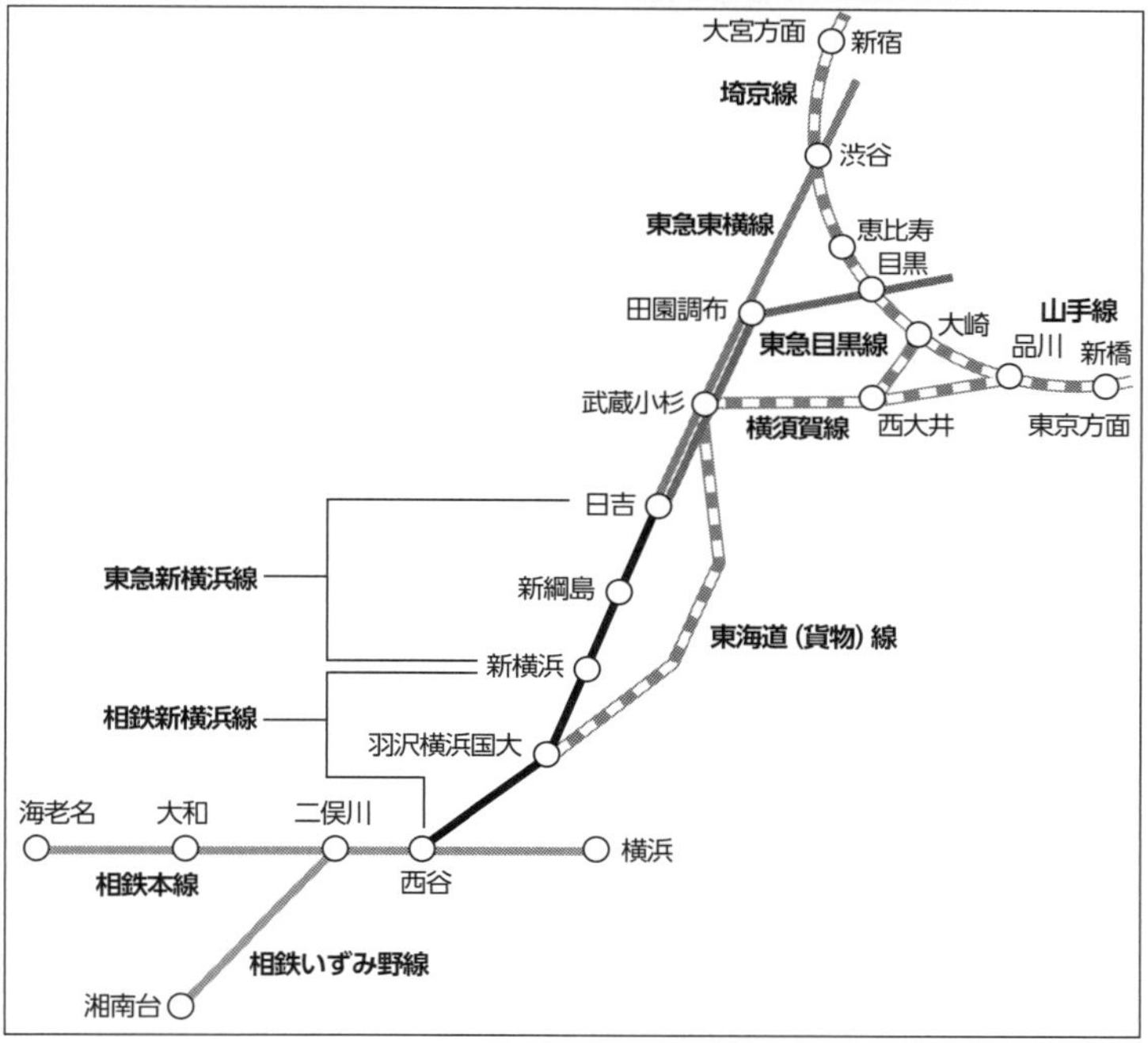

色、東急目黒線直通列車は水色となる。この区分けは特急に限らず、すべての種別に適用される。

一方、都心直通列車下り（二俣川《ふたまたがわ》方面）、横浜行きの種別表示は特急がオレンジ色、快速が青色、各停は灰色となる。

西では、阪神電鉄が特徴的だ。4章で後述するが、阪神の直通特急は停車駅の違いにより、赤色の直通特急と黄色の直通特急がある。相鉄、阪神ともに複雑な運行ダイヤをわかりやすく説明するための苦肉の策といったところだ。

急行は特急と比べるとバラエティー豊富だ。赤色系統は東武鉄道、西武鉄道、東急電鉄、小田急電鉄、東京メトロ、近鉄、京阪電鉄、阪神電鉄、南海電鉄であり、あくまでも赤色系統が主流だ。緑色系統は京王電鉄、西日本鉄道（西鉄）、青色系統は京急電鉄、名古屋鉄道（名鉄）、黄色は阪急電鉄だ。緑色系統は準急でよく使用される色であり、急行で採用されるのは珍しい。

興味深いのは、阪急の急行で使われる黄色だ。黄地に白文字は見づらいせいか、あまり大手私鉄では見かけない。阪急では急行以外の特急、準急、普通では白文字だが、急行は黒文字となっている。かつては黒地に黄文字だったが、大変見づらいものだった。

このように、種別色は一定の傾向がありながらも、例外事項が多い点がマニア心をくすぐらせる。現在は、車両の種別表示器はＬＥＤが主流なだけに、色の表示にかんしては何でもござれ、という感じだ。あっと驚くような種別色が登場してもまったく不思議ではない。

「快速特急」「区間快速急行」…長名種別の省略事情

かつて、それぞれの種別名は単純だった。そして、車両の前面に掲《かか》げられている種別板は行先板と一体となっているケースが多く、しばしば種別名は略称を使った。とくに急行は省略の対象になりやすく、南海ズームカーには「急」と書かれた大きな丸型の種別板が掲げられた。

やがて種別幕の時代になり、「特急」や「急行」といった2文字種別の場合は省略せずに表示するのが一般的になった。

とはいえ、昭和の時代は急行や特急ですら省略する会社もあった。その最たる例が名古屋鉄道（名鉄）だ。

名鉄は昭和から平成にかけて、種別板や種別幕では1文字表記だった。たとえば、特急は「特」、急行は「急」、普通は「普」といった具合である。

現在は「特急」「急行」のように2文字以上の表記が主流となったが、名古屋市営地下鉄鶴舞《つるまい》線に直通する100系の種別幕はいまだに1文字表記である。南海電鉄も、昭和の時代は種別幕は「急」の1文字だった。

時が経つにつれ、「快速特急」や「区間快速」といった4文字の種別が次々に登場し、都市部を中心に種別事情が複雑になっていく。

なかでも面白い事例が京急電鉄の快特だ。快特はもともと「快速特急」として1968（昭和43）年に登場した意外にも老舗《しにせ》な種別である。種別幕

鶴舞線に乗り入れる名鉄100系の種別幕は1文字表記

では「快特」と表示された。

その後、利用者にとっても「快速特急」より「快特」表示のほうがしっくりくるようになったのか、1999（平成11）年には略称である「快特」が正式な種別となった。ちなみに、京急の乗り入れ先である京成は「快速特急」であり、律義に京成車は種別幕でも「快速特急」と表示する。

ややこしいことに、京成の快速特急はもともと「快特」が正式名であり、のちに「快速特急」となった。整理すると、京急は快速特急→快特、京成は快特→快速特急と変化したのである。そのため、京成車は京急線内の種別表示が「快速特急」となっている。

関西で種別の省略表示といえば、近鉄大阪線・近鉄山田線に2012（平成24）年まで存在した区間快速急行である。全国的にも珍しい6文字種別であり、さすがに種別幕や駅の案内表示器では「区間快速」と表示された。一般的に快速急行の略称は「快急」であることが多いが、「区間快速」としたのがミソである。

ちなみに、快速急行は別種別で存在し、こちらの略称は「快急」であった。おそらく、「区間快急」と「快急」では誤乗《ごじょう》が発生すると考えたのだろう。駅の構内放送も長らく「区間快速」と流していた。

このように、種別の省略にも興味深い歴史が存在する。とはいえ、技術の進歩や観光客への対応により、将来的に正式名での表示が一般的になるだろう。

「各停」を種別幕に表示する関西、表示しない関東

大手私鉄において、「普通」や「各停」を車両前面にある種別幕に表示するか否《いな》かという問題がある。おそらく、鉄道ファンの方も気づいていないだろう。

昔から「普通」「各停」を積極的に表示していたのは関西の大手私鉄だ。支線区でも積極的に種別を表示していたが、ワンマン化の進展により、今後も表示されるかは怪しくなっている。

たとえば、近鉄ではワンマン運転の生駒《いこま》線、田原本《たわらもと》線などでは列車の種別表示が「ワンマン」となっている。阪神電鉄では、2020（令和2）年6月に5500系を本線から転用した武庫川《むこがわ》線での列車の種別表示が「ワンマン」だ。一方、南海電鉄は支線区では列車の種別表示はなかったが、高野《こうや》線から転属した2000系では「普通」と表示されるようになった。

表示しない傾向にあるのは、意外にも関東大手私鉄だ。昭和期の西武鉄道、小田急電鉄、京王電鉄などでは、列車に種別幕はあっても「各停」という種別表示はなかった。単に行き先を表示するだけであり、あっさりしたものだった。

さすがに、現在は相互直通運転が盛んになり、種別もかつてより複雑になったからか、本線級の路線においては、きっちりと前面に「普通」「各停」を表示するようになった。それでも、東急電鉄の支線区で活躍する2007（平成19）年生まれの2代目7000系の前面表示器に種別表示はない。

近鉄田原本線の種別表示は「ワンマン」

池上線を走る東急7000系(2代目)。前面に種別の表示はない

ユニークな事例は名古屋鉄道（名鉄）と西日本鉄道（西鉄）だ。前項でも述べたとおり、名鉄の初期の行先表示幕は1文字表示だった。実利を重んじる名古屋人らしい。現在は基本的に、全国と同じく「普通」と表示している。

西鉄は本線級の大牟田《おおむた》線でも、「普通」と表示する場合としない場合がある。西鉄福岡（天神）駅近くを走る普通列車は前面に「普通」と表示している。

ところが、大牟田線大牟田―甘木《あまぎ》線甘木間を走る7000形と7050形は「普通」の代わりに「ワンマン」と表示するのだ。大牟田―甘木間のワンマン列車は基本的に両端のドアしか開かないローカルなタイプであるため、種別よりも、ワンマン運転であることを示すほうが利用客にとって価値があるという判断なのだろう。

このように見ると、時代、地域により、前面における「普通」「各停」の情報価値に対する考え方が比較でき、興味深いものがある。

時代とともに消えた、種別を表すヘッドマーク

昭和から平成にかけて、一部の大手私鉄では種別・行先表示幕を使用しつつ、前面に種別板を掲げる姿を見かけたものだ。東の代表として京成電鉄を挙げたい。

京成では、1969（昭和44）年から3300形2次車を皮切りに前面と側面に種別と行き先が

一体となった種別・行先表示幕を新設。京成初のステンレス車両の３５００形も続いた。

その一方で、前面の種別・行先表示幕の種別表示があまりに小さかったせいか、窓下にも種別板が掲げられた。

転機となったのは、オールステンレス通勤車３６００形が登場した１９８２（昭和57）年である。３６００形から窓下の種別板が電動幕となり、窓上の幕は行き先のみを表示する形式に改められた。

このスタイルは、平成生まれの３４００形、３７００形にも受け継がれ、昭和生まれの３３００形や３５００形も窓上は行先方向幕、窓下は種別幕というスタイルに改造されている。

興味深いのは、京成線に乗り入れていた都営５３００形の扱いだ。５３００形は１９９１（平成３）年生まれで、２０２３（令和５）年に引退した。平成初期当時の最新技術を採用した車両として知られ、前面上部にはＬＥＤ式の種別・行先表示器を設置した。

しかも、種別表示器と行先表示器は別になり、京成初期の種別・行先表示幕と比較すると格段に視認性が上がった。それでも、登場当初は京成線内では前面に「急行」と描かれた丸型の種別板が掲げられた。まるで昭和から平成への移行のような演出だったが、しばらくして種別板の掲出《けいしゅつ》はなくなった。

西では、阪神電鉄で種別方向幕と種別板の併用が見られた。ただし、阪神の場合は京成のように全種別ではなく、特急のみである。特急運用では前面の窓下に黄色い翼を模《も》したイラストに「特急」と書かれたヘッドマークが掲げられた。

改造後の京成3500形。種別幕は中央の窓下に設置された

都営5300形は都営地下鉄の車両で初めてLED式を採用

また、高校野球シーズン専用の特急ヘッドマークもあった。ヘッドマークが掲げられたのは1963（昭和38）年登場の7801・7901形など、種別と行き先が一体となった表示器を持った車両である。反対に種別と行き先が分離された1985（昭和60）年登場の8011系では掲出されなかった。

現在は京成、阪神ともに種別表示器と種別板の競演はもう見られない。昭和から平成への移行期の産物として記憶にとどめておきたい。

同じ「普通」でも、関東と関西で座席配置が異なる理由

地域によって、同じ種別でありながらも使用車両が大きく異なることはよくあるケースだ。ここでは、JR東日本とJR西日本を例に比較してみよう。使用車両の違いというのは、具体的にいえば、ロングシート車両とクロスシート車両の違いである。

まずは両者の長所、短所を見ていこう。ロングシート車両はレールに並行して座席が並び、一般的に通勤電車で多く用いられる。長所は座席が車体両端にあるため、通路空間が広いことだ。そのため、大きめのスーツケースを転《ころ》がしながら移動しても、通路空間が広い分、スムーズだ。

欠点は長距離移動、つまり旅行気分をあまり味わえない車内レイアウトであることだ。車窓からの景色が見づらいだけでなく、食事もしにくいだろう。いくら社会の価値観が変わっても、ロング

シートで食事を済ませることは、やはり憚《はばか》られるものだ。

クロスシート車両はどうだろうか。基本的にクロスシートは座席の向きが進行方向であり、景色が見やすい。通路側には肘《ひじ》掛けがある。

欠点は乗降に時間を要することだ。4列（2列＋2列）のクロスシートの場合、座席間の通路は1人が通過するのがやっとだ。また、通路に大型スーツケースを置けば、それだけで通路が塞《ふさ》がれる。3列（2列＋1列）のクロスシートなら問題はないが、その分、座席数は少なくなる。

ここまでの説明で察しがつくだろうが、首都圏ではロングシート車両、関西圏はクロスシート車両が多い。普通列車を例にすると、首都圏では山手線、京浜東北線、埼京線などではロングシート車両が当たり前。郊外を走る南武線、京葉線、横浜線、相模《さがみ》線も同様だ。

また、中距離列車が主流の東海道本線、常磐線、東北本線などもロングシート車が主流だ。セミクロスシート車両も存在するが、クロスシート部は4人掛け向かい合わせのボックスシート。さらに、ボックスシートの横にはロングシートがある。やはり、大量の乗客をさばくにはロングシートでないと難しいといったところだ。

ちなみに、中距離列車には普通列車であってもグリーン車が連結される。旅行気分を味わいたければ、グリーン車にどうぞといった感じだ。

関西圏は大阪市中心地や京阪神を走る大阪環状線、ＪＲ神戸線、京都線、宝塚線、東西線の普通列車がロングシート車両だ。

一方、阪和《はんわ》線、おおさか東線、奈良線はクロスシート車両で統一されている。たとえば、おおさか東線は、103系や201系といったロングシート車両を撤退させ、221系クロスシート車両に置き換えた。朝ラッシュ時間帯でも、クロスシート車両で対応できるという判断なのだろう。

また、大阪環状線の大阪―鶴橋―天王寺間では、大和路線直通、阪和線直通の列車は各駅に停車する。そのため、大阪―鶴橋―天王寺間でもクロスシート車両の普通列車が存在する、というわけだ。

このように、同じ「普通」をとっても、関東と関西で使用する車両は大きく異なるのだ。

種別によって車体の色を分けている阪神本線

JRの特急列車、小田急「ロマンスカー」、近鉄「ひのとり」のような特別料金が必要な特急専用車両は別にして、車両をひと目見て、誰もが「これは急行だ」とわかる例はそうはないだろう。

たとえば鉄道ファンなら、片側2扉・転換クロスシート車の京急2100形を見て、「あれは快特に使われる車両だ」とわかるかもしれない。しかし、鉄道ファン以外の人が2100形を見ても「赤と白の京急車両だ」というぐらいにしか認識しないのではないだろうか。

同様に、JR京都線・神戸線（東海道・山陽本線）では、新快速は223系ないし225系、普通は207系ないし321系が使われるが、鉄道ファン以外の人から見ると、どちらも「銀色の電車」にすぎないだろう。

このように、車両を一見しただけで種別が判断できるのは鉄道ファンのみ、といいたいところだが、じつは車体の色で種別がわかる大手私鉄会社がある。

それは、大阪と神戸を結ぶ阪神電鉄だ。阪神では、準急以上に使用する急行系車両と普通に特化する普通系車両に区分されている。当然ながら機能面でも異なり、普通系車両は高加速・高減速が自慢の「ジェットカー」だ。一方、急行系車両は乗り入れ先の山陽電鉄や近鉄でも扱いやすい標準的な仕様となっている。

これは、阪神本線の平均駅間距離が1キロメートルを切っていること、そして駅数も多いことに起因する。「駅数は多いけれど、それでも阪神間を速く結びたい」——そこで、阪神電鉄が編み出したアイデアが、高加減速を実現できる車両を普通運用に特化して就《つ》かせることで、少しでも早く追い越しができる駅の待避《たいひ》線に進入させる。そして、高速性能に優《すぐ》れた急行系車両が普通を追い抜くという仕組みだ。

車体の塗装だが、普通系車両はどこかしらに青色・水色が使われている。一方、急行系車両はオレンジ色を基本とする。乗り入れる山陽、近鉄の車両も水色は使われていないので、阪神本線（大阪梅田—元町）では「青色の車両＝普通」「青色以外の車両＝区間急行より上位の種別」とすぐにわかる。

ただし、この判別法は阪神本線でのみ有効だ。なぜなら、阪神なんば線には普通系車両は乗り入

阪神の各駅停車のイメージカラーである青色をまとった5700系

急行・特急で運用される8011系は上部のオレンジ色が目立つ

れず、急行系車両や近鉄車も普通運用に就くからだ。また、阪神本線には普通以外にも区間急行、急行、区間特急、快速急行、特急、直通特急といった種別が設定されている。しかも、それぞれの停車駅パターンは複雑だ。

阪神本線において、普通系車両以外の車両をまじまじと見ても、その見た目だけで種別を判別するのは難しいだろう。あえて述べるなら、山陽車は直通特急、近鉄車は快速急行といった具合だ。

案内を見なくても、ひと目で種別を判別する方法

晴れた日中時間帯に走る車両の前面下部に、ランプが光っているシーンを見たことはないだろうか。灯《あか》りをともすというには光量が少なく、そもそも日中に必要なのか、というツッコミを入れたくなる。これは、鉄道会社によって名称は異なるが、主に「標識灯」と呼ばれるものだ。さすがに、すべての鉄道会社の標識灯を紹介することはできないため、ここでは阪急電鉄を例に挙げて説明していこう。

阪急では、特急系種別（特急、快速特急、通勤特急、準特急）は2灯となる。つまり、両目が光る格好だ。急行系種別（急行、準急）は1灯となる。阪急から姿を消した快速急行や快速も急行系種別に属していたので、1灯だった。そして、普通列車は無灯である。阪急は計3パターンの標識灯により、種別を明示していたのだ。

当然、阪急では、かつて種別板が車両の前面に表示されていた時代から標識灯を用いていた。やがて、種別板が種別幕へと変わり、そしてLEDの種別表示器になっても、いまだに標識灯は使われている。「本当に標識灯は必要なのか」と思わずにはいられない。

しかし、少なくとも駅員からすると、標識灯はとても役立つのだ。筆者は阪急の某駅にアルバイトとして勤務していた経験がある。平日朝ラッシュ時を中心に駅の案内係としてホームに立っていたのだが、その経験をもとに標識灯のメリットを説明しよう。

朝ラッシュ時ということもあり、多くの種別が駅に停車する。当たり前だが、もっとも混雑するのは特急系種別の列車であり、案内係としても気合いが入るところだ。

通常時は入線放送を聞いたり、駅の案内表示器

特急系種別は
左右とも点灯

急行系種別は
片方のみ点灯

を見ながら種別を確認する。しかし、ホーム上の混雑によって入線放送が聞き取りにくい状況もあれば、ダイヤの乱れにより、案内表示器の案内が消えたりすることもあった。

そんなときに、大いに役立ったのが標識灯だった。ホームから見ると、車両前面の種別幕よりも、標識灯のほうが判別しやすい、というケースがたびたびあったわけだ。

先述したように、鉄道会社によって標識灯の点灯パターンは異なる。どの種別のときに、どの標識灯が光るのか、観察しながら前面を見ると、通勤時間も少しは楽しくなるのではないだろうか。

「快速特急」をどう示す? 各社が知恵を絞る英語表記

日本語でも理解が難しい列車種別だが、英語ではどのように表記されるのだろうか。

まず、特急は「Limited Express」である。「Limited」は「限られた」という意味を含む。一般的には停車駅を限定することから、特急の英訳に「Limited」が用いられた、というのが通説だ。

一方、羽田空港へ乗り入れる京急電鉄は「快特」も「Limited Express」である。京急によると、快特の英訳が存在しないため、既存のLimited Expressを用いたとのこと。それでも、ホームページには「Limited Express（KAITOKU)」と表記し、知恵を絞っている様子がうかがえる。ちなみに、京成電鉄の快速特急の表記も「Limited Express」となっている。

日本人からすると、もっともなじみのある単語は「Express」（急行）だろう。ただし、外国人は

Expressと聴くと、オリエントエクスプレスのような長距離列車をイメージするという。また、京浜急行電鉄（京急電鉄）のように「急行」と名の付く鉄道会社であれば、「急行」が最上位種別だと勘違いする外国人旅行客もいるだろう。「Express」という単語ひとつをとっても、日本人と外国人のあいだで印象に差異が存在することは興味深い。

準急は「Semi-Express」となる。「Semi」は「準ずる」という意味の接頭語だ。日本人だと準急は「急行に準ずる」、つまり「急行の下位に位置する種別」と変換できるだろう。問題は外国人が準急の「急」を急行と認識できるかどうかだ。なかには「特急に準ずる」と迷う外国人旅行客もいるらしい。

最後に普通、各停を表す「Local」だ。一般的に外国人は長距離列車は「Express」、短距離列車は「Local」という認識を持つ。普通、各停は近距離輸送に主眼を置いているから、やはり「Local」が最適だろう。ちなみに、普通と各停を区別している南海電鉄（23ページ参照）では、両種別ともに「Local」だ。

このように、英語表記の種別もなかなか複雑だ。ただ、多くの外国人観光客は交通系アプリで種別を確認し、種別の色で識別しているようだ。交通系アプリでは停車駅や到着時刻がわかりやすく表示される。駅や列車の種別表示に示される英語表記で確認する外国人は、意外に多くはないのではないだろうか。

JRが車両の前面に「特急」と表示しない理由

筆者は昔から、ある疑問を持っている。なぜ、国鉄時代からJRに至るまで、特急型車両の前面には「特急」という表示がないのだろうか、ということだ。

すると、このような反応があるかもしれない。「特別料金を払う特別車両を使うのだから、種別表示など必要ないのだ」と。たしかに昭和時代の鉄道図鑑を見ると、私鉄の小田急ロマンスカーや東武デラックスロマンスカーの前面にも「特急」という表示はない。

しかし、昭和の後期とはいえ、特別料金が必要な近鉄特急や名鉄特急の前面には「特急」という表示が見られた。また、1980年代半《なか》ばから南海特急「サザン」に使われているリクライニングシート車10000系も、前面には種別方向幕が設置され、昭和の時代は「特急」を表示していた。よって、「特別車両を用いているから『特急』表示は必要ない」という理屈は少々苦しい、といわざるを得ないのではないだろうか。

国鉄時代の多くの特急は、種別表示の代わりに逆三角形をかたどった金属製のシンボルマークを前面に掲げていた。このシンボルマークこそが、特急の象徴だったのである。

登場したのは、東京—大阪・神戸間に電車特急「こだま」が運行開始された1958（昭和33）年のこと。デザインは全国公募で選ばれたものだ。

転機となったのは１９８７（昭和62）年の国鉄民営化だ。ＪＲの特急車両の前面に「特急」の表示はなく、件《くだん》のシンボルマークも設置されなかった。つまり、国鉄時代のシンボルを引き継がなかった、ということだ。

そして、２０２４（令和６）年６月、岡山と出雲市を結ぶ特急「やくも」で使われてきた国鉄型特急電車３８１系の引退により、金属製のシンボルマークが付いた車両で運行する定期特急列車は消滅した。

3章

種別を読みとけば各社の戦略がわかる

列車種別の複雑化が止まらない事情とは

種別はなぜ、増えたり減ったりするのだろうか。せめて、2種類か3種類にまとめられれば、利用客もいちいち迷ったりすることはないはずだ。

種別が増える理由として、鉄道会社それぞれの背景があるが、ひとつに「遠近《えんきん》分離」という輸送体系が挙げられる。

遠近分離とは、近距離輸送の列車と遠距離輸送の列車を別々にするという考え方だ。役割を分担することにより、おのずと種別が増える。また、路線距離が長いと中距離輸送のニーズも生まれ、それを担《にな》う種別が誕生する。

ここからは近鉄南大阪線・吉野線を例に挙げ、遠近分離と種別の関係を見ていきたい。近鉄南大阪線は大阪阿部野橋《あべのばし》をターミナル駅とし、奈良県の橿原《かしはら》神宮前までを結ぶ39・7キロメートルの路線だ。橿原神宮前からは、さらに吉野まで吉野線（25・2キロ）が伸びる。南大阪線と吉野線はあたかも同一路線のよ

近鉄南大阪線・吉野線の運行パターン

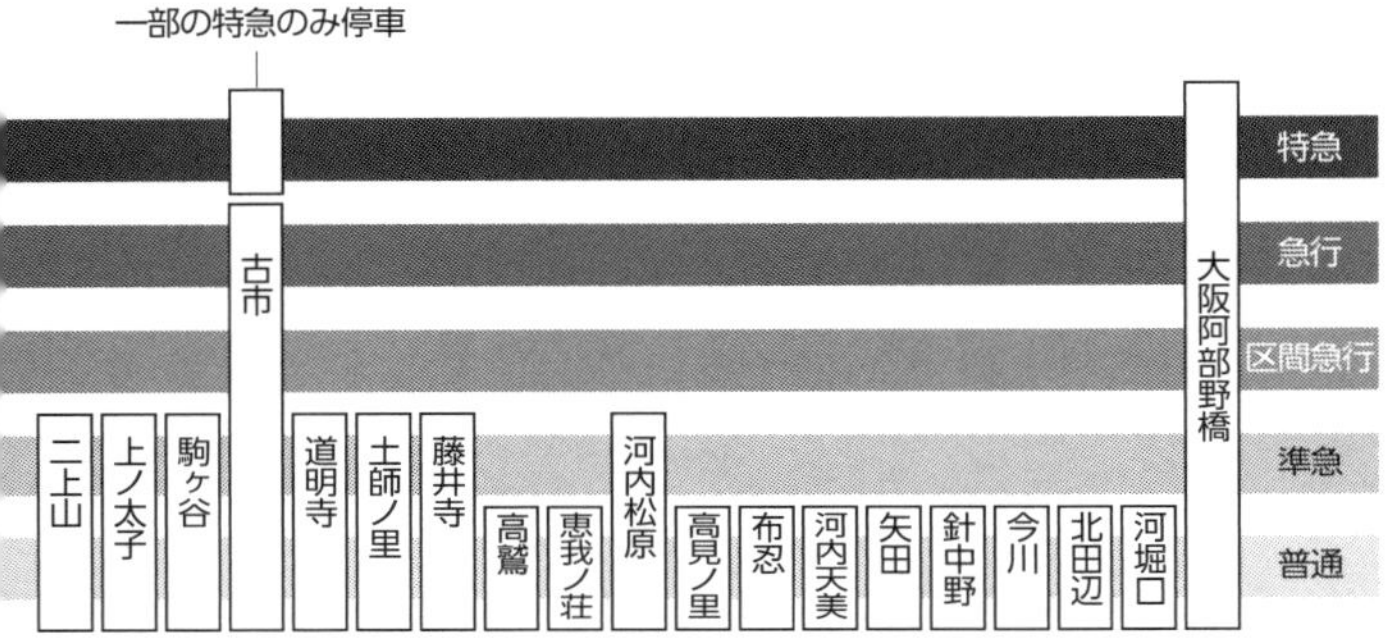

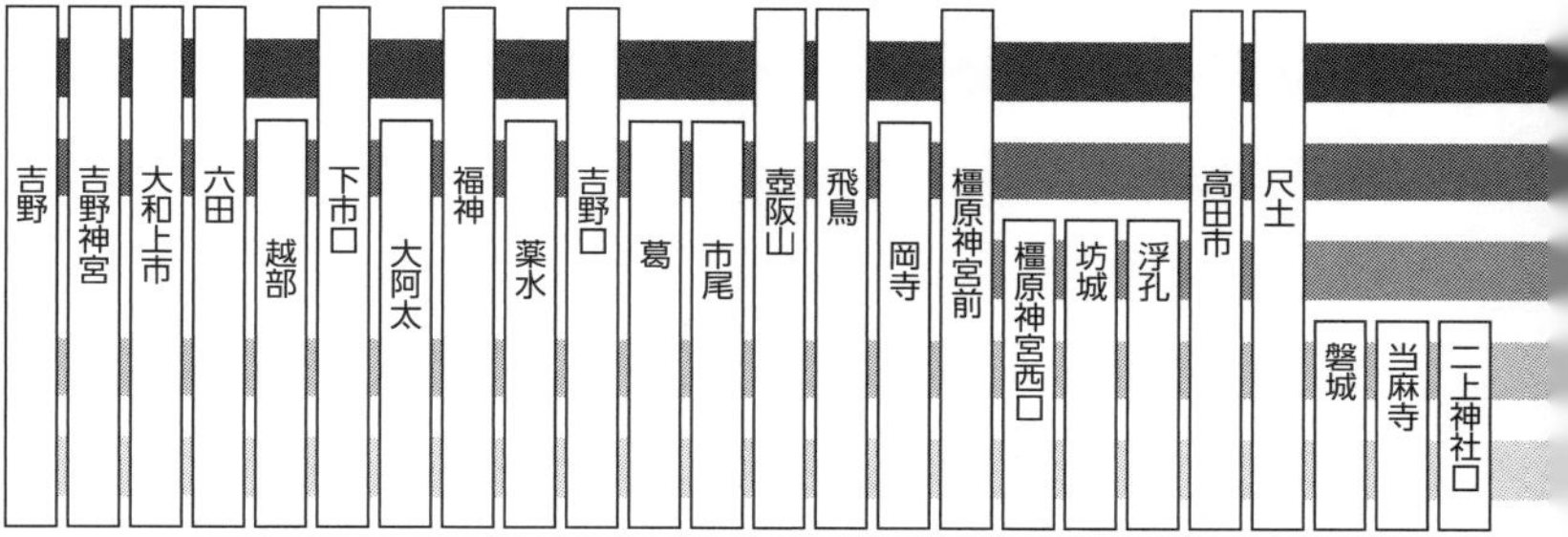

うな運行体系となっている。

昼間時間帯の南大阪線には4種別（特急、区間急行、準急、普通）が存在する。このうち、特急はリクライニングシート車の特急車両が使われ、乗車には特急券が必要だ。大阪阿部野橋から橿原神宮前、吉野線方面への遠距離輸送を担っている。

また、吉野まで各停区間は存在せず、大阪阿部野橋から吉野までの観光需要も同時に担う。

区間急行は、大阪阿部野橋から18・3キロ地点にある古市《ふるいち》以遠の遠中距離輸送を担う。停車駅は古市、尺土《しやくど》以遠の各駅だ。橿原神宮前からは普通列車に種別を変え、吉野まで直通する。ただし、吉野線内は各駅に停車すること、そして車両もロングシートであるため、大阪阿部野橋から吉野まで区間急行を乗り通す利用客は少ないだろう。

準急は、大阪阿部野橋から10キロ地点にある河内松原《かわちまつばら》と、13・7キロ地点にある藤井寺以遠の近中距離輸送を担う。準急の停車駅は河内松原、藤井寺以遠の各駅だ。河内松原で普通列車に連絡することから、準急通過駅の恵我《えが》ノ荘《のしよう》、高鷲《たかわし》への輸送もカ

近鉄南大阪線の平日昼間時間帯の運行本数

駅名／種別	大阪阿部野橋	…	藤井寺	…	古市	…	橿原神宮前	吉野線直通
特急	0～1本							
区間急行	2本							
準急	2本							
	4本					長野線へ		
普通	6本		0～2本					
						2本		

バーしていると考えていい。

最後に普通だ。昼間時間帯の普通列車は藤井寺行き、もしくは古市行きだ。河内松原で後続の準急に追い越されるので、とくに大阪阿部野橋―河内松原間の近距離輸送を担う。

このように、遠近分離にもとづき、各種別でカバーする区間が異なることがわかるだろう。また、大阪方は人口が多いこともあり、大阪阿部野橋を発車する昼間時間帯1時間あたりの普通の本数は6本だ。一方、都心から郊外への遠中距離輸送の区間急行は2本しかない。

私鉄、JRを問わず遠近分離にもとづいた種別の設定をしているが、各路線により細部では差異が多い。その視点でダイヤを比較するのも面白いだろう。

西武池袋線が「速達列車の停車駅を分散させた」目的は？

種別にかんして、東日本一ややこしいとされるのが西武池袋線である。その数、じつに9種類（特急、S-TRAIN、快速急行〈Fライナー〉、急行、通勤急行、快速、通勤準急、準急、各駅停車）もの種別がある。このうち、乗車券のほかに何かしらの特別料金が必要なのは特急とS-TRAINだ。

まずは、特別料金不要の最優等種別である快速急行から見ていこう。基本的な停車駅は池袋駅発着だと、石神井《しゃくじい》公園、ひばりヶ丘、所沢、小手指《こてさし》、入間市《いるまし》、そして飯能《はんのう》以遠からの各駅だ。急行が所沢以遠の各駅に停車することから、前項で述べた「遠近分離」にもとづいていることがわかる。

しかし、東京メトロ副都心線、東急東横線、みなとみらい線に直通する快速急行「Fライナー」は練馬に停車する。池袋方面への乗り継ぎを考えると、東京メトロの小竹向原《こたけむかいはら》とを結ぶ西武有楽町線の分岐駅である練馬に停車せざるを得ないのだろう。

次に、S-TRAINだ。S-TRAINは平日と土休日で、運行区間が異なる。平日は東京メトロ有楽町線に乗り入れ、発着駅は豊洲《とよす》となる。一方、土休日は快速急行「Fライナー」と同じルート

西武池袋線の平日昼間時間帯の運行本数

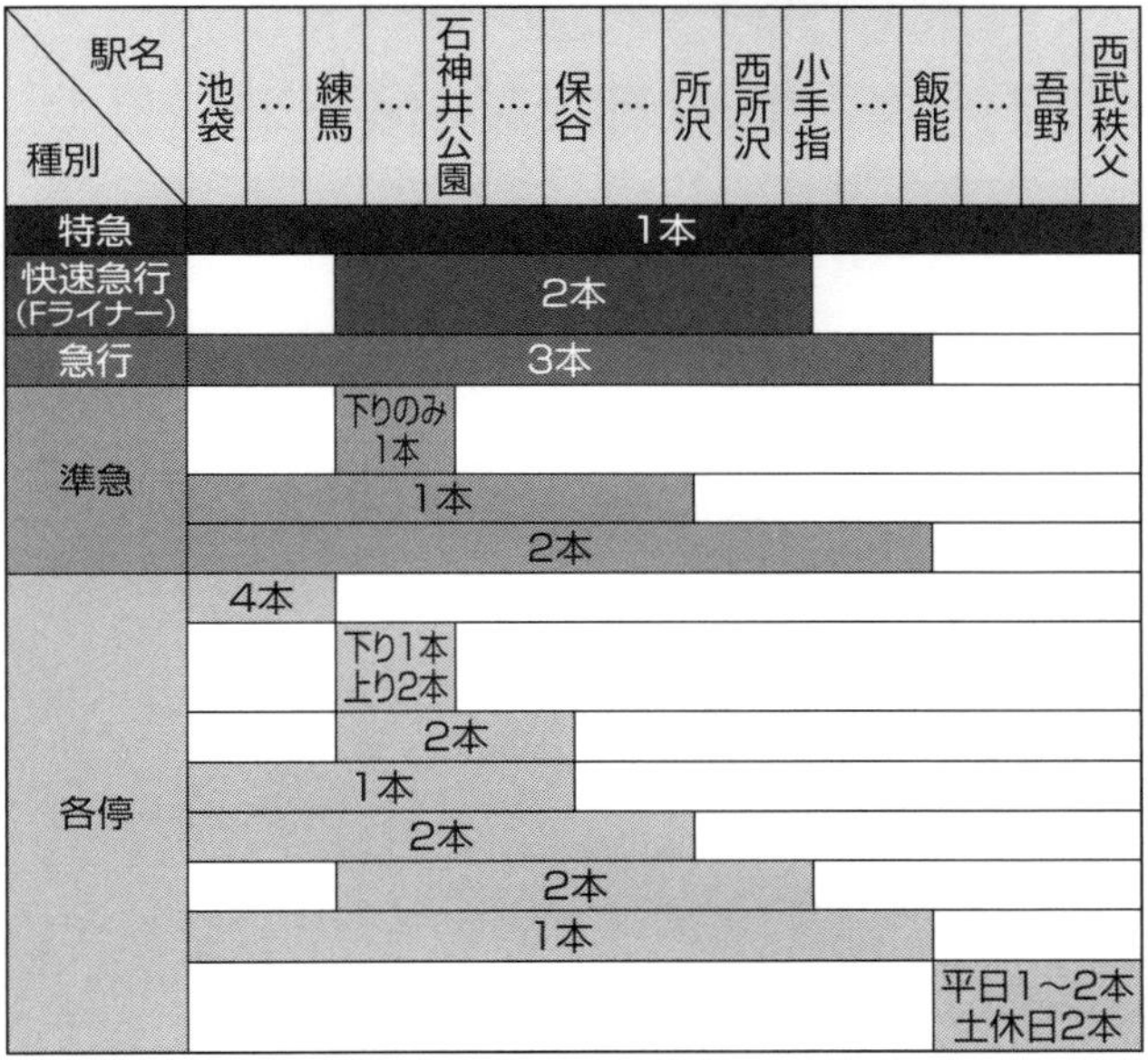

西武池袋線の運行パターン

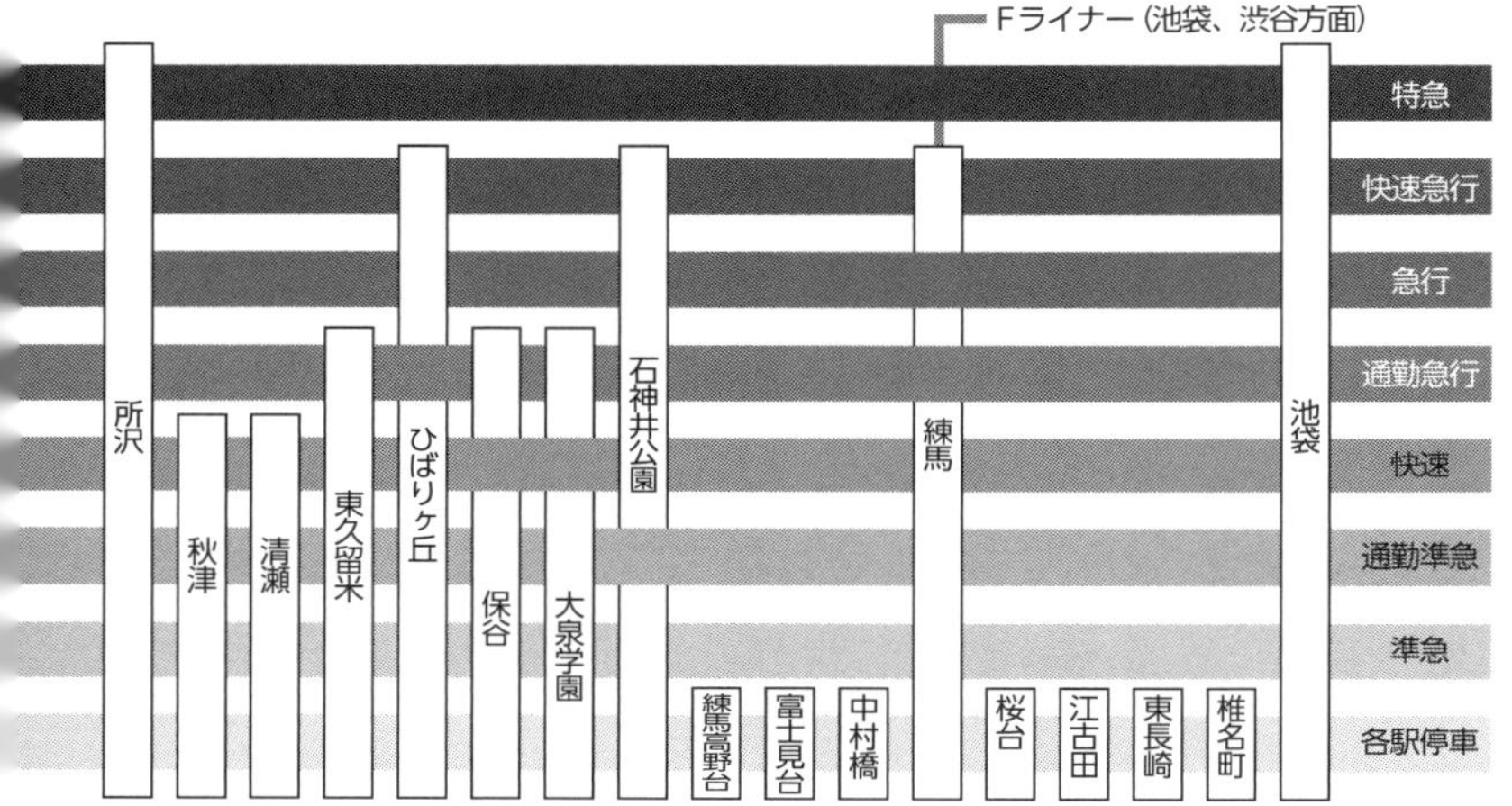

をたどり、元町・中華街まで乗り入れる。西武線側の発着駅も異なり、平日朝は所沢発、夜は小手指着、土休日は西武秩父まで乗り入れる。

停車駅も平日と土休日で異なる。たとえば平日は保谷《ほうや》に停車するが、土休日は通過する。しかも、急行は保谷には停車しない。保谷は統計的に東京メトロ有楽町線への直通利用が多いという。じつにきめの細かい配慮だ。

そして、昭和の時代から西武池袋線の優等種別は「停車駅ずらし」をお家芸とする。たとえば、通勤急行は急行通過駅の大泉学園、保谷に停車する代わりに、ひばりヶ丘には停まらない。一方、通勤準急は急行停車駅の石神井公園を通過する。種別によって停車する駅をずらすことで、各列車の混雑率を平準化させているのだ。

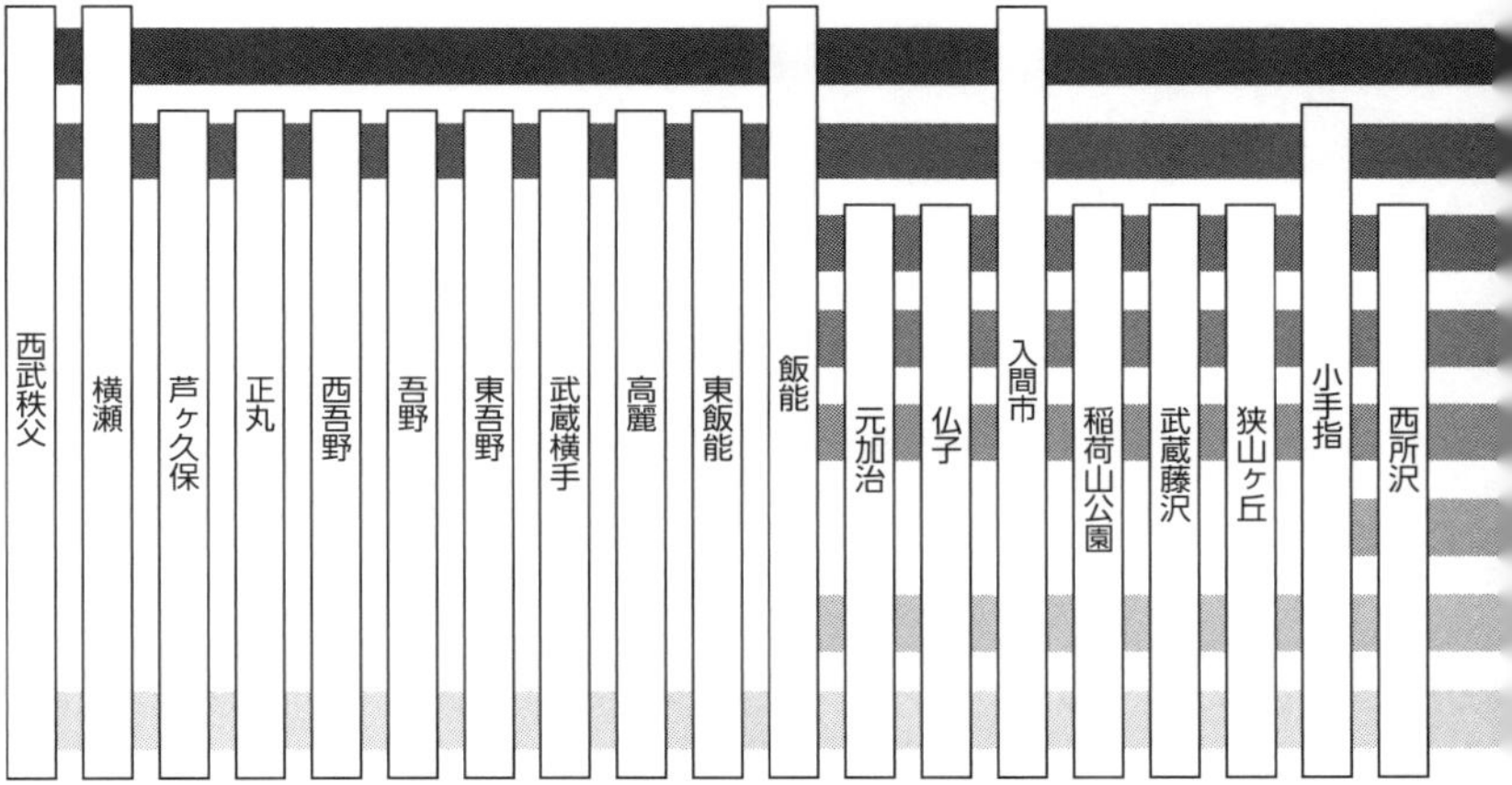

※S-TRAINは練馬、石神井公園、保谷（土休日は通過）、所沢、西所沢、小手指、入間市、飯能、西武秩父に停車。ただし、石神井公園、保谷、所沢は平日上りが乗車専用、平日下りが降車専用の停車。練馬、西所沢、小手指は平日下りのみ降車専用の停車となる。また、快速急行（Fライナー）は東京メトロ直通列車のみ、練馬に停車する。

また、1日あたりの駅別乗降客数を見ると、大泉学園は石神井公園よりも約3800人多い7万8557人である。ただし、石神井公園駅のホームは2面4線ということもあり、上位種別と下位種別との接続がしやすい。

一方、大泉学園駅は1面2線だ。昼間時間帯に走る急行や快速急行は石神井公園停車、大泉学園通過であり、石神井公園で下位種別と連絡する。昼間時間帯に大泉学園に停車する種別は準急と各駅停車しかない。とはいえ、ラッシュ時は乗降客数が多い大泉学園を放置するわけにはいかないため、通勤急行、通勤準急が停車するというわけだ。

乗り慣れていない人にとっては、なんともややこしいことだろう。利用する際は、スマホの時刻表アプリをよく確認することをおすすめする。

まさに妙技！　阪神本線の種別設定を読み解く

阪神本線（大阪梅田方面）の運行パターン

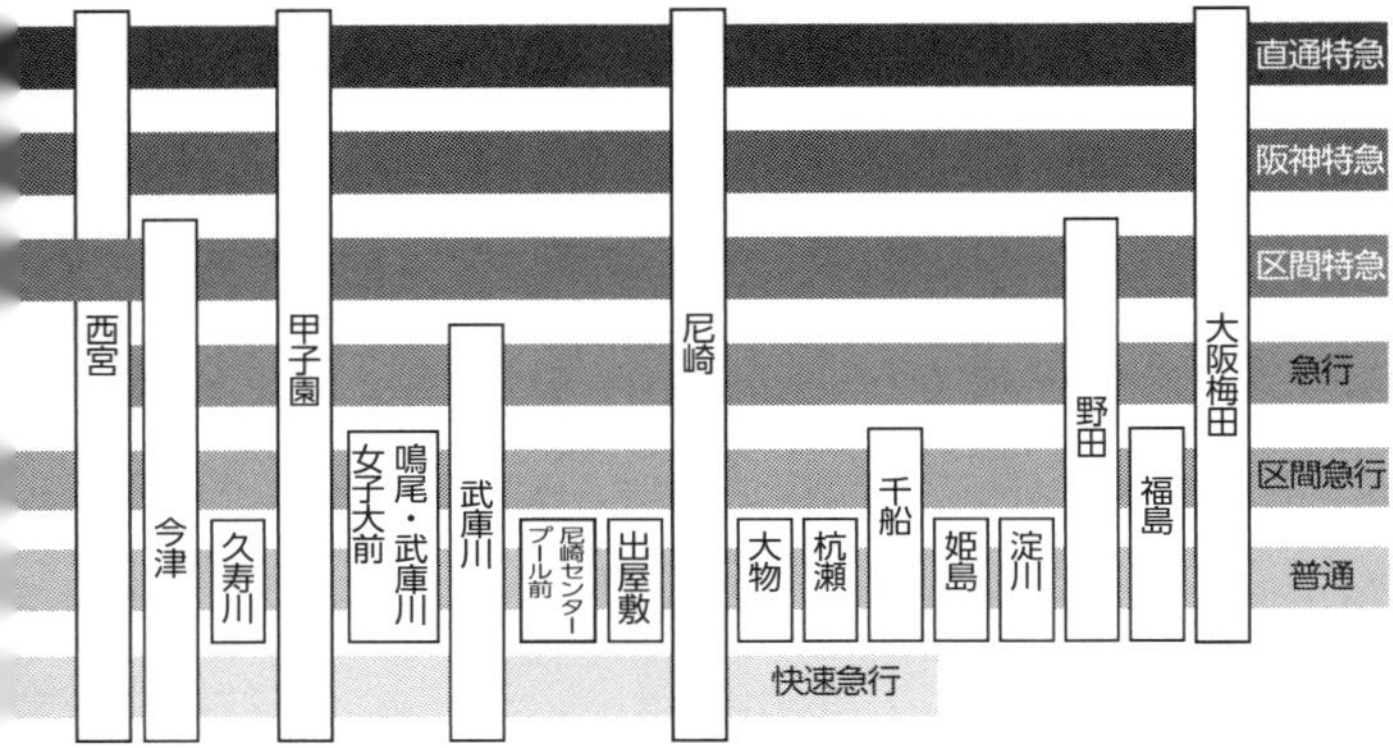

西武池袋線が東日本の〝種別王〟ならば、西日本の種別王は阪神本線だろう。6種類（直通特急、特急、区間特急、急行、区間急行、普通）であり、数はそれほど多くないが、独創性と、やはり「停車駅ずらし」によって、西武池袋線に引けをとらないほど複雑なダイヤを組んでいる。

まずは、独創性だ。阪神本線は、定期列車ではここでしか見られない種別がふたつも存在する。それが直通特急と区間特急だ。直通特急は山陽電気鉄道に乗り入れ、大阪梅田駅と山陽姫路駅を結ぶロングラン特急だ。ちなみに、山陽電鉄線内も「直通特急」という種別名で運行される。

当然、特急も存在する。特急の運行区間は大阪梅田―須磨浦《すまうら》公園間を基本とし、山陽明石駅、山陽姫

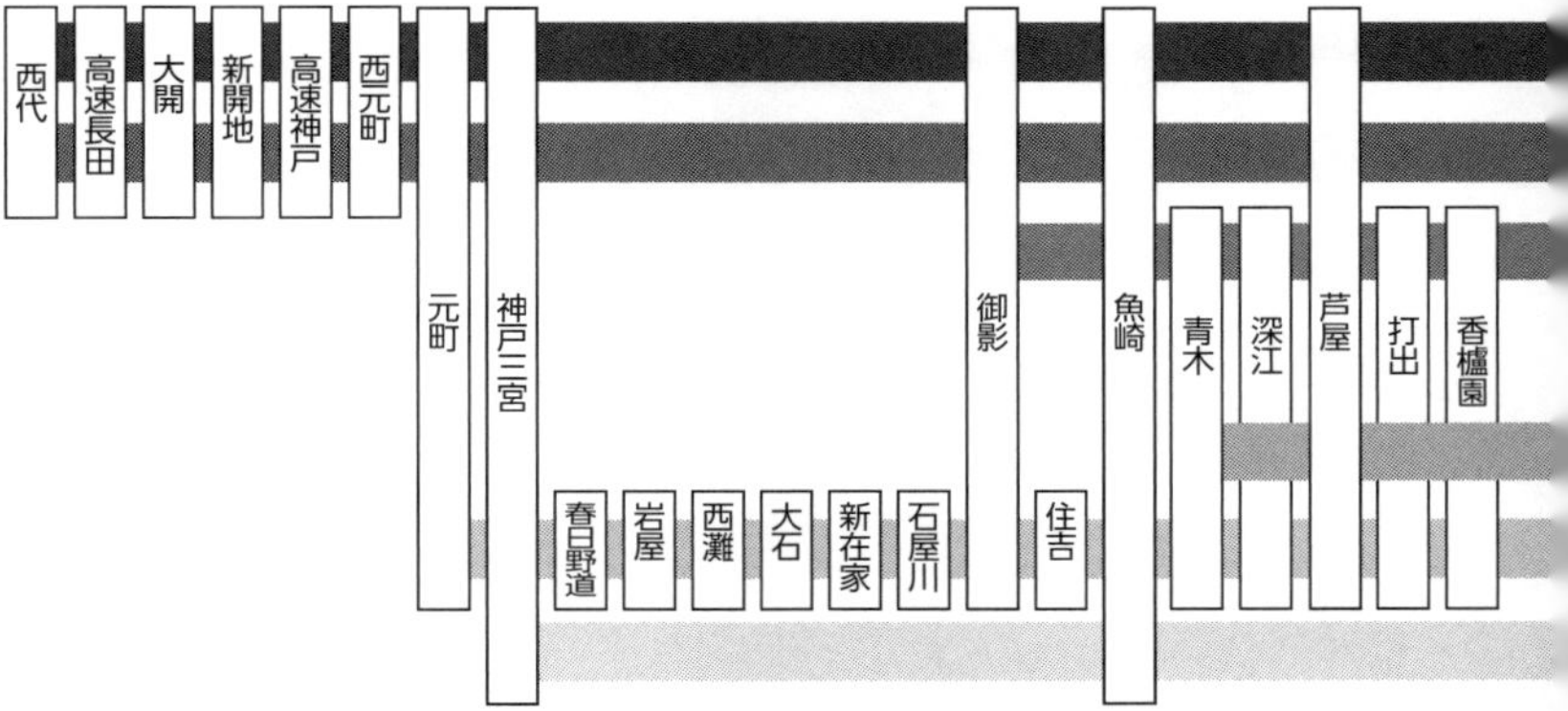

※土休日の直通特急は甲子園に終日停車。一部列車は西元町、大開、西代を通過。
区間特急は平日の午前ラッシュ時、上り列車（大阪梅田方面）のみ運転。
区間急行は、平日の午前ラッシュ時に運転（青木—甲子園間は上り列車のみ）。
土休日の快速急行は芦屋を通過。武庫川・今津は終日停車

路駅には乗り入れない。また、山陽電鉄線内は直通特急に通過駅が存在するが、阪神特急は各駅に停車する。

では、阪神本線における直通特急と特急は、運行区間以外すべて同じかというと、じつは異なっている。基本的な停車駅こそ同じだが、平日朝ラッシュ時の大阪梅田行きに限り、直通特急は甲子園駅を通過するのだ。

次に区間特急だ。区間特急は平日朝ラッシュ時間帯のみの運行で、全列車が御影《みかげ》始発の大阪梅田行きだ。停車駅は御影、魚崎《うおざき》—香櫨園《こうろえん》間の各駅と今津、甲子園、尼崎、野田、大阪梅田だ。区間特急は、特急停車駅の西宮駅を通過する唯一の種別である。

しかし、御影—今津間において、通過駅は住吉駅と西宮駅しかない。「区間」と銘打《めいう》っているだけあって、普通に近い区間が存在するのだ。今津—大阪梅田間で比較すると、区間特急と急行との違いは武庫《むこ》

川《がわ》駅に停車するか否《いな》かのみである。これなら、「区間急行」にすればよいのではと思うが、先述したように阪神本線にはすでに区間急行も存在するから、仕方がない。

区間急行の運行区間は青木―大阪梅田間だが、大阪梅田発は甲子園止まりだ。途中停車駅は芦屋、西宮、今津、甲子園、鳴尾《なるお》・武庫川女子大前、武庫川、尼崎、千船《ちぶね》、野田、福島だ。区間特急が停車する深江、打出《うちで》、香櫨園は通過する。

その代わり、鳴尾・武庫川女子大前、千船、福島に停車する唯一の優等種別なのである。阪神の「停車駅ずらし」の真骨頂だ。

とはいえ、阪神なんば線が全通した２００９（平成21）年3月以前は、阪神本線においても準急が運行されていた。この準急は停車駅ずらしのうえ、上りと下りで停車駅が異なるという複雑さだった。そのため、これでもかなりシンプルにはなっているのだ。

「快速よりも普通のほうが速い」矛盾があった常磐線

東日本で種別がややこしいＪＲ線のひとつに、常磐線の上野（品川）―取手《とりで》間が挙げられる。何と、時刻表上では「快速」「普通」「各駅停車」が混在しているのだ。

常磐線上野―取手間のうち、綾瀬《あやせ》―取手間は複々線となる。つまり、綾瀬―取手間は常磐線快速と常磐線各駅停車が並走する。常磐線各駅停車は綾瀬駅から東京メトロ千代田線に乗り入れる。快

綾瀬駅を通過する常磐線快速電車

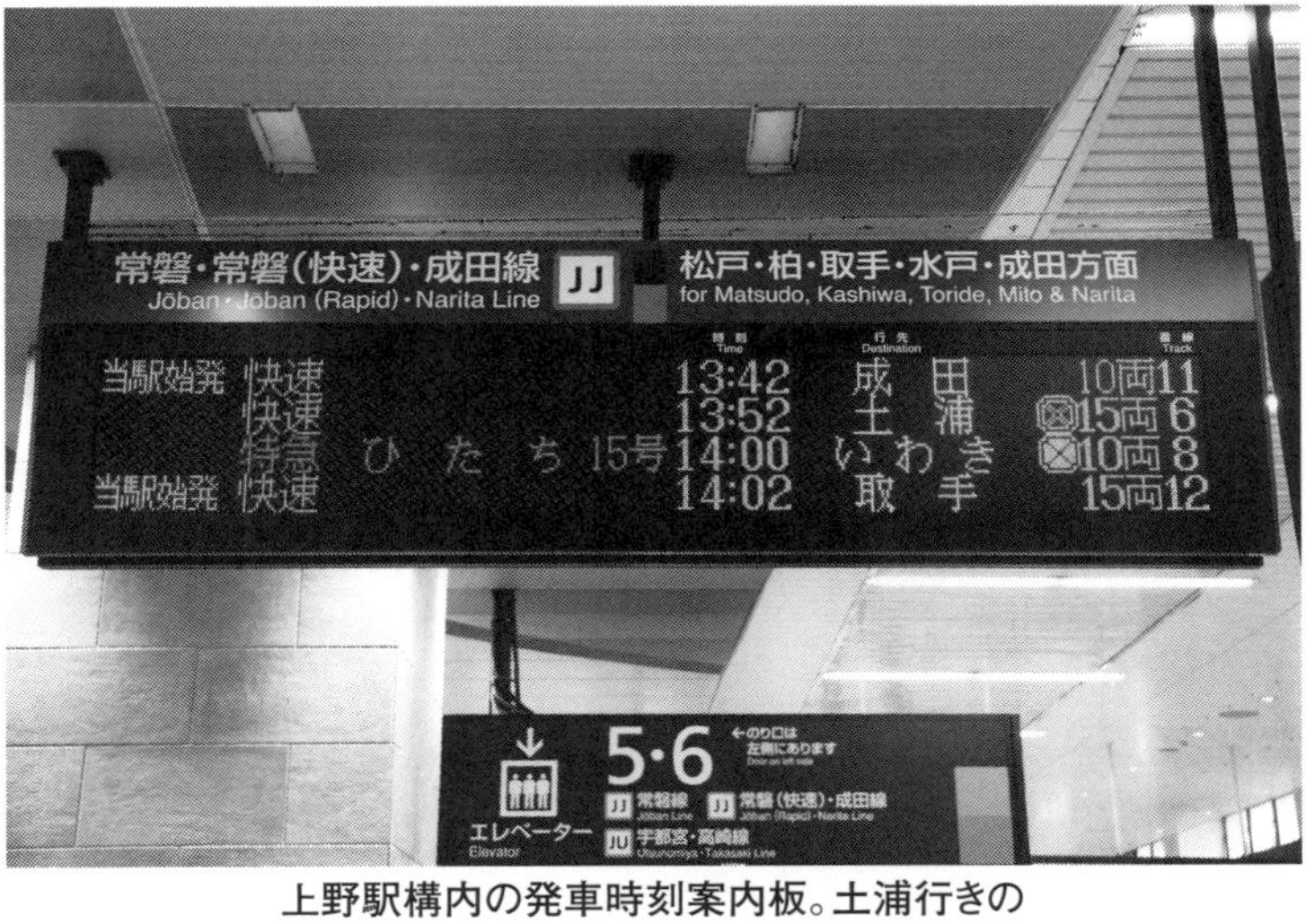

上野駅構内の発車時刻案内板。土浦行きの
中距離電車も種別は「快速」と表示される

JR常磐線の運行パターン

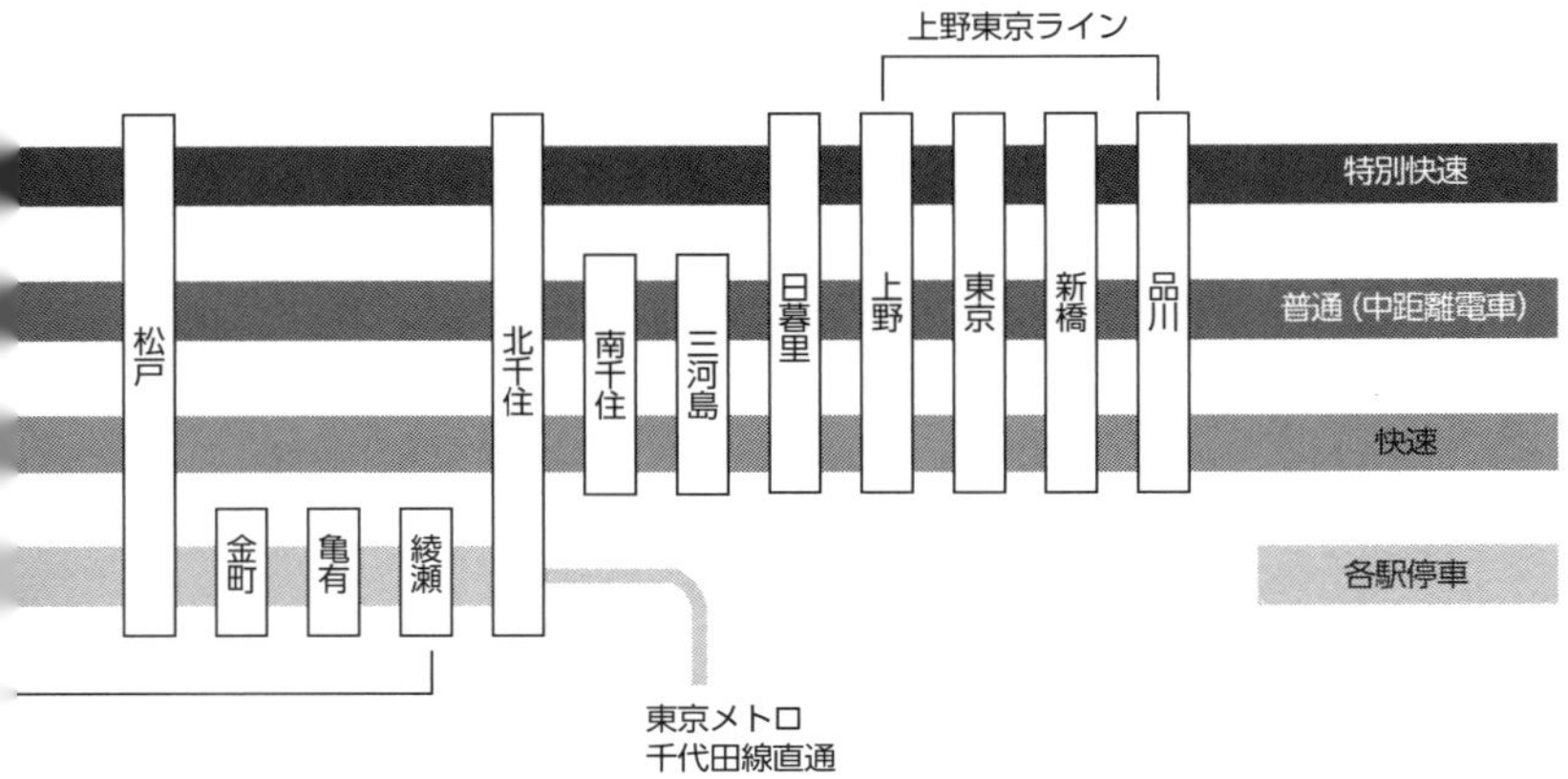

速はそのまま地上を走り、各駅停車は綾瀬を出て荒川を越えたところで地下に入り、ともに北千住駅に着くかたちとなる。

常磐線快速は上野駅を起点としている。特急を別にして、上野駅から出発する列車は取手駅以遠に向かう中距離電車と取手駅までの快速だ。

特急を除く中距離電車の種別は普通と特別快速があるが、「普通」といえども上野―取手間は快速運転を行なう。整理すると、中距離電車「普通」と上野―取手間の快速は同じ停車駅に停まるというわけだ。

一方、常磐線快速が通過する綾瀬駅や亀有駅、新松戸駅などの各駅は、常磐線各駅停車のみにホームがある。つまり、常磐線各駅停車は文字どおり、綾瀬―取手間において、中距離電車「普通」と上野―取手間の「快速」が停まらない駅も含め、すべての駅に停車するのだ。

さらに、2004（平成16）年3月まで、一部の中

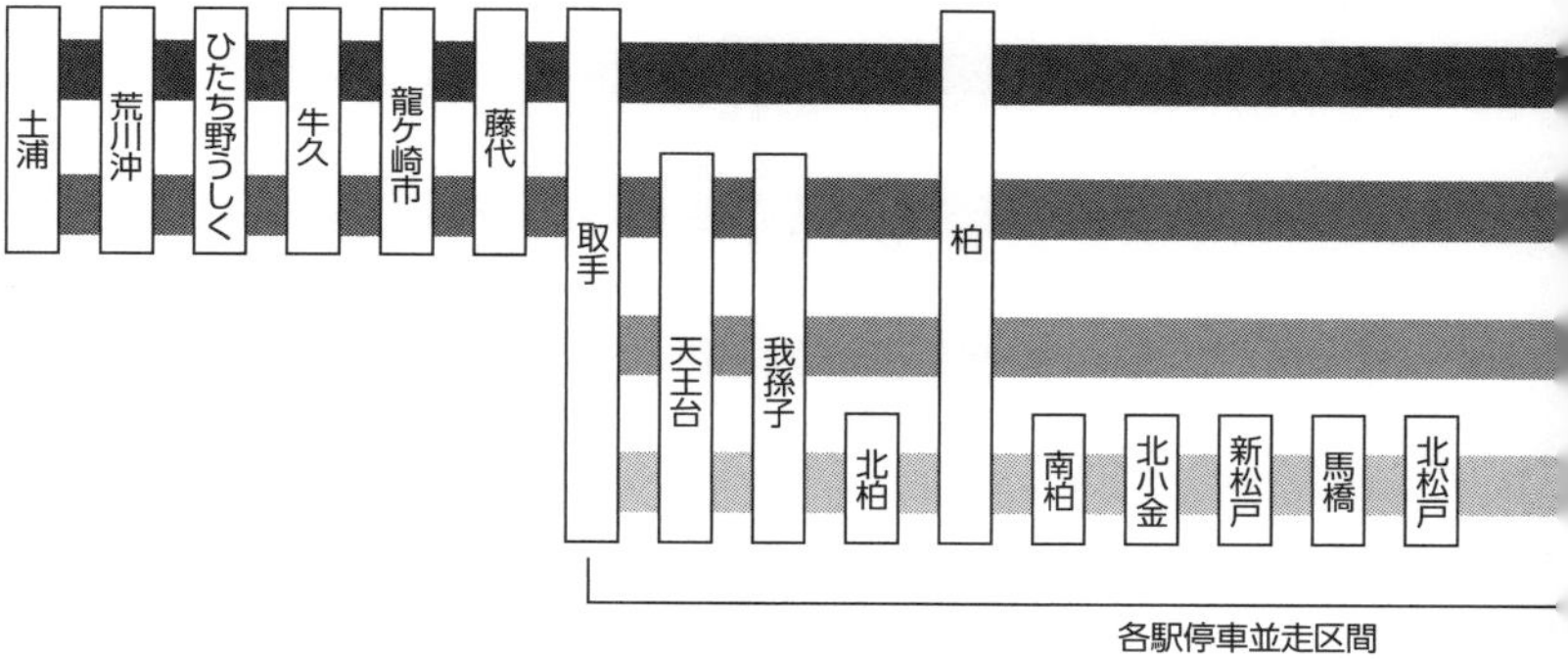

距離電車の「普通」は上野—北千住間にある三河島駅《みかわしま》と南千住駅《みなみせんじゅ》を通過していた。

一方、上野—取手間の快速は停車した。そのため、両駅は「普通」は通過、快速は停車という奇妙な状態が続いていたのだ。

現在、中距離電車「普通」の車内では「上野—取手間は快速運転です」という趣旨の放送が流れ、常磐線快速の各駅の表示器では「快速」と案内される。

しかし、２００４年10月以前の中距離電車の種別幕は「普通」を掲《かか》げており、とくに初めて利用する人にとっては、千代田線直通の「各駅停車」との区別がつきにくかった。

なぜ、ここまでややこしいのだろうか。その理由をたどってみると、まず、電化方式の違いが挙げられる。

常磐線は上野—取手間は直流、取手駅以遠は交流である。これは茨城県石岡市にある気象庁施設の観測を妨《さまた》げないための措置だ。

そのため、中距離列車は直流、交流ともに走行できる交直両用電車を用い、車両の帯は青色だ。一方、上野—取手間の快速は直流電車を用い、帯色は緑色を基色とする。もちろん、「各駅停車」の車両も直流電車だ。

次に歴史だ。今日のように常磐線が複々線化されたのは1971（昭和46）年のことであり、同時に営団地下鉄（現・東京メトロ）千代田線との直通運転が開始された。それまでは「各駅停車」も上野駅発着だったが、同年より千代田線へ乗り入れるようになった。

その一方で、上野駅からは中距離電車「普通」のほかに、上野—取手間の快速が新設された、というわけである。

各駅に停車する「特急」が走る山陽電鉄

「日本一、種別が複雑な私鉄は?」と聞かれた鉄道ファンは、その多くが本章でとり上げている「東は西武で西は阪神」と答えることだろう。

しかし、筆者は西武でも、阪神でもなく、神戸と姫路を結ぶ山陽電鉄だと考えている。少なくとも、1998（平成10）年の直通特急登場前は本当に複雑だった。同じ特急でも通過駅がある特急と各駅に停車する特急があり、しかも山陽、阪急、阪神の列車が入り交じっていたからだ。

山陽姫路駅と阪神梅田駅（現・大阪梅田駅）を結ぶ山陽・阪神相互直通の直通特急が運行を開始し

山陽車による直通特急

阪神車による直通特急

「阪神・山陽直通特急」の停車駅

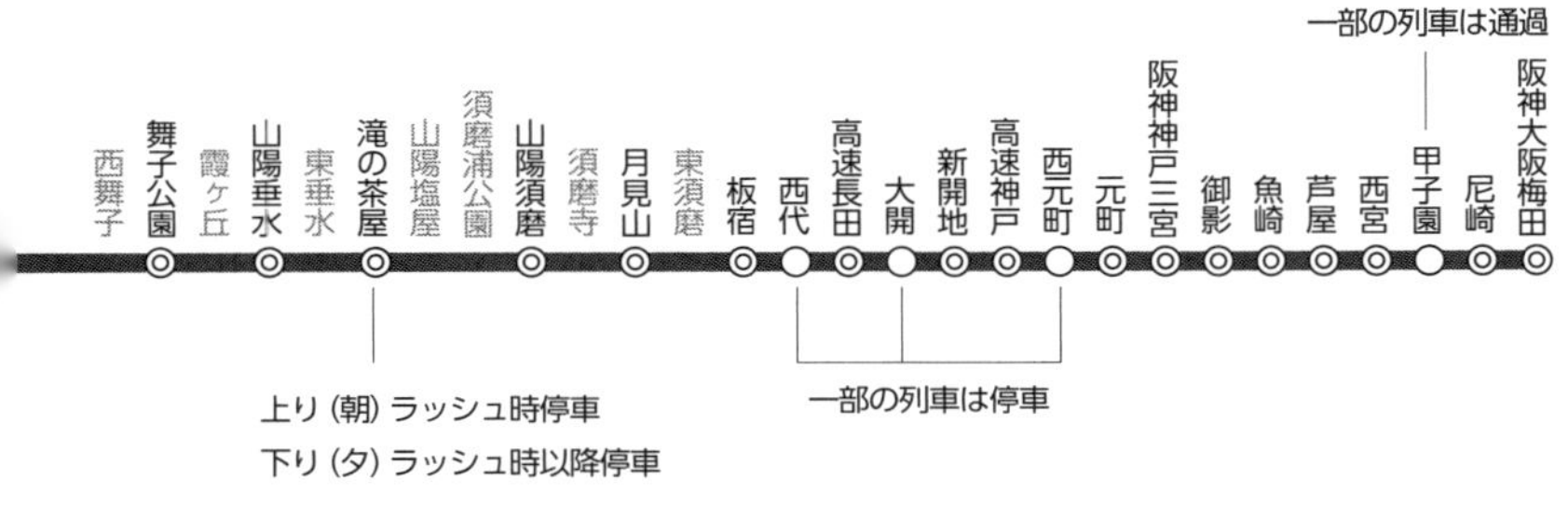

たのは1998年2月のことである。

山陽、阪神、阪急、神戸電鉄の4社が結ばれた神戸高速鉄道が開業したのは1968（昭和43）年。1968年から1998年まで、山陽は阪神だけでなく阪急とのあいだでも相互直通運転を実施していた。

ただし、全線での直通運転ではなく、山陽は阪神大石駅、阪急六甲駅、阪急・阪神は山陽の須磨浦公園駅まで乗り入れていた。阪神大石駅、阪急六甲駅、山陽須磨浦公園駅はすべて神戸市内にあり、現在も特急通過駅である。

さて、乗り入れた種別は原則として特急であった。ここで問題なのは、乗り入れ先では特急が各駅に停車したことである。つまり、阪神特急は三宮（現・神戸三宮）—須磨浦公園間、阪急特急は三宮（現・神戸三宮）—須磨浦公園間、山陽特急は高速長田《ながた》—阪神大石・阪急六甲間は各駅に停車した。

もちろん、山陽特急は自社線内の小駅は通過し、「特急」と名乗った。一方、阪神特急、阪急特急は「特急」という種別幕を掲げながら、山陽電鉄線内の小駅にも停車した。山陽電

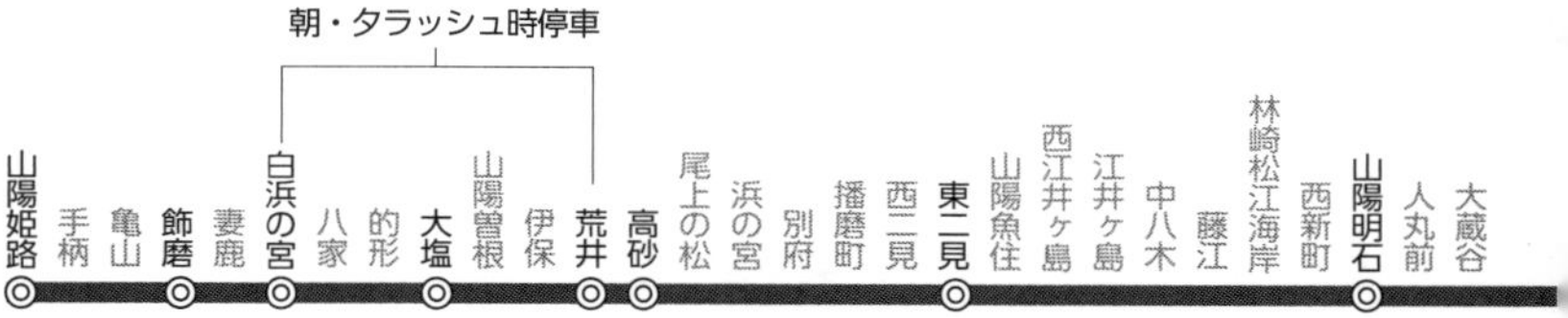

鉄線内の主要駅の駅構内放送でも、「阪神梅田行き特急が到着いたします。この電車は阪神三宮まで各駅に停車いたします」と堂々と「特急」と放送し、現在に引き継がれている。

1991（平成3）年のダイヤ改正により、山陽特急に限り、神戸高速鉄道線内の花隈《はなくま》、西元町、大開《だいかい》の3駅を通過するようになり、1998年2月に阪神・山陽全線にわたって特急運転をする直通特急が誕生した。

その一方で、阪急との相互直通運転は廃止となった。阪神は直通特急とは別に、今でも特急が須磨浦公園駅まで乗り入れる。特急須磨浦公園行きは従来どおり、神戸三宮—須磨浦公園間は各駅に停まる。

整理すると、昼間時間帯の山陽西代—須磨浦公園間の優等種別にかんして、直通特急は通過駅があり、特急は各駅停車ということになる。ただし、次章で詳細に述べるが、直通特急の停車駅もまた複雑なのである。

現在は、1998年以前と比べるとだいぶまとまってはきたが、まだまだ多くの人にとって理解しやすい種別事情とは言い難いのだ。

関西の王者「新快速」。知られざる挫折の歴史

現在でこそ、新快速は関西最強の種別といった感じがするが、1970（昭和45）年10月の登場当初は、利用者からあまり歓迎されない、いやもっといえば「迷惑な」存在だった。

登場当時の新快速は、現在とは似て非なるものであった。現在、新快速は複々線区間において外側線（列車線）を走行するが、1986（昭和61）年11月までは、普通電車や快速と同じ内側線（電車線）を使っていた。

なぜなら、外側線は国鉄本社の意向が優先され、特急列車や急行列車、貨物列車といった本社管理の列車が走行しており、思うようなダイヤが組めない状況があったからだ。また、当時の貨物列車は走行スピードが遅かったため、新快速を走行させること自体が難しいという事情もあった。内側線は快速と普通列車が走り、十二分に余裕があるという状況ではなかった。

運行開始当時の新快速は日中時間帯のみの設定で、しかも1時間間隔だった。京都―大阪間・大阪―三ノ宮間ノンストップのわりには、両区間の所要時間は快速と比較してもそれほど変わらなかった。しかも、使用車両は快速と変わらない113系だった。

新快速登場前は「快速・普通それぞれ15分間隔」というわかりやすいダイヤで、高槻《たかつき》駅と芦屋駅

外側線を新快速が、内側線を普通・快速が走る

1980年に登場した117系は「シティライナー」の愛称で親しまれた

で普通と快速の接続が行なわれた。ここに新快速が割りこんだことで、一部の普通は新快速と快速に道を譲った。

また、それまでの15分間隔運行も崩れたことから、駅での待ち時間が長くなる事象も発生した。つまり、沿線住民にとって新快速は「迷惑な存在」でしかなかったのだ。

この中途半端なダイヤが解消されたのが、2年後の1972（昭和47）年3月ダイヤ改正であった。このダイヤ改正では「新快速・快速・普通それぞれ15分間隔の基本ダイヤ」が実現し、ふたたびわかりやすくなった。

車両も113系から急行型車両153系に代わり、座席幅が広くなった。とはいえ、以前と比較して「まし」になった程度。並行する私鉄特急にはかなわなかった。

私鉄特急に対して優位に立つ土台が築かれたのは、1986（昭和61）年11月のダイヤ改正である。このダイヤ改正で新快速が外側線（列車線）を走行できるようになり、大阪—明石間で4分短縮が実現。民営化後に最高速度を上げ、私鉄特急を圧倒する所要時間の短縮を達成したことは周知の事実である。

車両も1980（昭和55）年に117系を投入。転換式クロスシートを備えた2扉車で、特急にも劣らないほどの画期的な車両だった。

このように、種別は時代により栄枯盛衰《えいこせいすい》がある。現在、新快速は関西を代表する種別であることに対して異論はないだろうが、今後もこの状況が続く保証はどこにもない。

停車駅だけではない。「新快速」と「快速」の格差とは

ＪＲ神戸線と京都線は、新快速のほかに快速も運行している。新快速と快速の差で、もっともわかりやすいのは停車駅の数だ。路線図を見れば、新快速と快速のそれぞれの停車駅の数は一目瞭然《いちもくりょうぜん》。あくまでも、快速は新快速を補佐する立場なのだ。

一方、新快速と快速のあいだで差が縮まった項目もある。それが車両の質だ。１９９０年代の新快速は転換クロスシート車で統一されていたが、快速は直角ボックスシートの１１３系が幅を利《き》かせていた。転換クロスシートと直角ボックスシートの快適性は雲泥《うんでい》の差であり、新快速が民営化以降に登場した車両が主流だったのに対し、１１３系は国鉄時代の車両であった。

現在、車両は新快速、快速ともに２２３系と２２５系に統一され、車両面では新快速と快速の差はなくなった。これは乗客にすると、喜ばしいことだろう。

一方、車両サービス面から見ると、近年、新快速と快速のあいだに差が生じようとしている。ＪＲ西日本は２０１９（平成31）年3月から一部の新快速に有料座席サービス「Ａシート」１両を設けた。ようは指定席車両であり、２列＋２列のリクライニングシートが並ぶ。乗車には普通乗車券に加え、指定席券が必要だ。

紙の指定席券は一律８４０円だが、チケットレス指定席券なら一律６００円で済む。２０２４（令

和6）年秋の3連休を中心に「Aシート」連結の新快速1往復が臨時設定され、「Aシート」連結の新快速は最大7往復となった。

一方、2024年10月からJR神戸線の一部快速に「快速うれシート」が設定された。「快速うれシート」は大和路《やまとじ》線・おおさか東線で2023（令和5）年10月からスタートした有料座席サービスだが、「Aシート」とはまったく違う。リクライニングシート車ではなく、既存の転換クロスシートの一部を座席指定にする仕組みだ。「快速うれシート」と通常座席の境には暖簾《のれん》を掲げている。

このように、同じ有料座席サービスであっても、新快速と快速とはまったく違うのである。「Aシート」も「快速うれシート」もJR西日本の新しいサービスだ。今後、どのように発展するのか、興味深いところだ。

新快速の有料座席サービス「Aシート」車両

コロナ禍を経て大変身した東武東上線の種別事情

コロナ禍を境に大きくありようが変わった関東大手私鉄の路線に、東武東上線がある。東上線は2023（令和5）年3月にダイヤ改正を行なった。

東武東上線の平日昼間時間帯の運行本数

<table>
<tr><th>駅名／種別</th><th>池袋</th><th>…</th><th>成増</th><th>和光市</th><th>…</th><th>志木</th><th>…</th><th>川越市</th><th>…</th><th>森林公園</th><th>…</th><th>小川町</th><th>…</th><th>寄居</th></tr>
<tr><td>快速急行（Fライナー）</td><td colspan="3"></td><td colspan="7">2本（副都心線直通）</td><td colspan="4"></td></tr>
<tr><td>急行</td><td colspan="10">4本</td><td colspan="4"></td></tr>
<tr><td>準急</td><td colspan="8">4本</td><td colspan="6"></td></tr>
<tr><td rowspan="6">普通</td><td colspan="8">1本</td><td colspan="6"></td></tr>
<tr><td colspan="6">1本</td><td colspan="8"></td></tr>
<tr><td colspan="3">6本</td><td colspan="11"></td></tr>
<tr><td colspan="3"></td><td colspan="5">1本（副都心線直通）</td><td colspan="6"></td></tr>
<tr><td colspan="3"></td><td colspan="5">2本（有楽町線直通）</td><td colspan="6"></td></tr>
<tr><td colspan="9"></td><td colspan="5">2本</td></tr>
</table>

さまざまなことが変化したが、ここでは池袋—小川町間の種別の変遷に絞って見ていこう。東上線は池袋—寄居《よりい》間75キロメートルの路線だが、優等列車が走るのは池袋—小川町だ。

ダイヤ改正前の特別料金不要の優等種別は準急、急行、快速、快速急行、川越特急だった。準急は池袋—成増《なります》間はノンストップ。急行は成増、朝霞台《あさかだい》、志木《しき》、ふじみ野、川越、川越市以遠の各駅に停車した。快速は川越市までは急行と同じ停車駅だが、東松山までは通過駅が存在した。

快速急行の途中停車駅は和光市《わこうし》、志木、川越、川越市、坂戸《さかど》、東松山以遠の各駅、最優等種別である川

東武東上線（小川町方面）の運行パターン

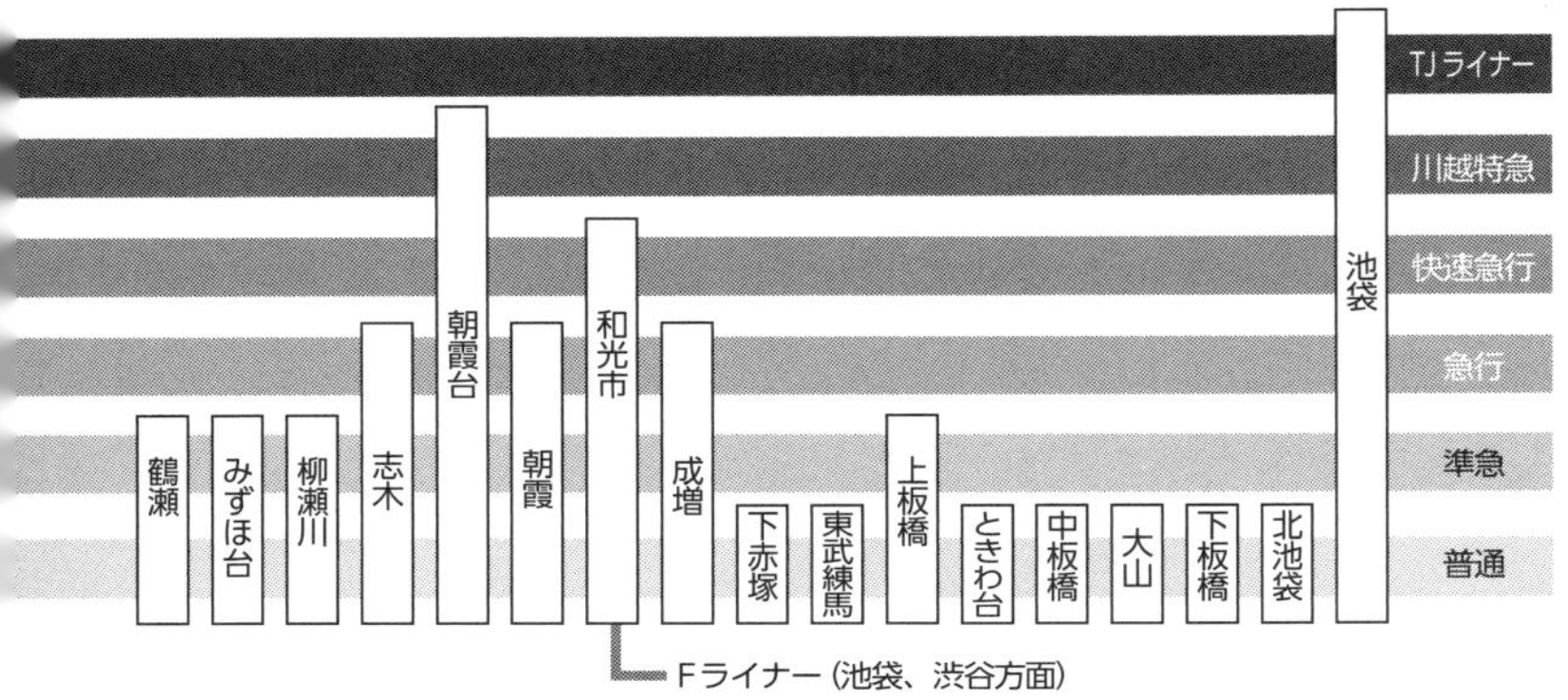

越特急の途中停車駅は朝霞台、川越、川越市、坂戸、東松山以遠の各駅だった。

改正後は大きく変わった。準急は新たに上板橋《かみいたばし》に停車。これまで優等列車はノンストップだった池袋―成増間に停車駅が生まれた。上板橋駅では普通列車と連絡する。

そして、和光市の次の朝霞が新たに急行停車駅に、次駅の朝霞台には、ＴＪライナーを除く全種別が停車するようになった。

志木は準急と急行の停車のみとなり、快速急行は通過することに。また、快速急行は川越市以遠の各駅に停車するようになった。

一方で快速は廃止となった。２０１３（平成25）年に新設され、日中に毎時２本を運行していたが、ちょうど10年で消えることとなった。

朝霞台はＪＲ武蔵野線北朝霞駅との乗り換え駅、朝霞は朝霞市役所の最寄《もよ》り駅となる。朝霞台駅の１日平

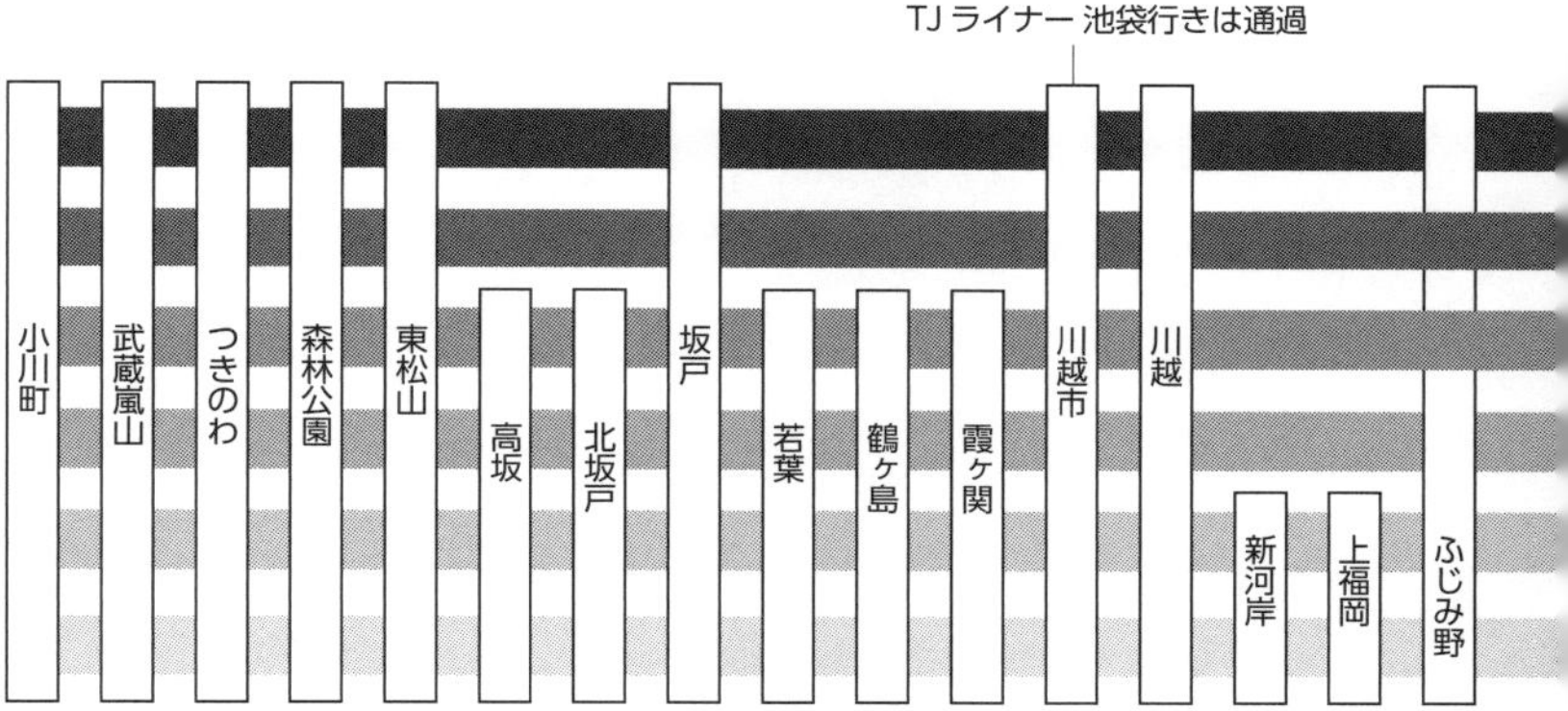

均乗降人員（2023年度）は約14万人で、東上線では3番めに多い駅だ。

駅の歴史は朝霞台よりも朝霞のほうが先輩にあたるが、利用者数と武蔵野線との乗り換え駅であることを鑑《かんが》みれば、快速急行の停車も納得といったところだろうか。

快速急行通過駅となった志木も、けっして利用者数が少ない駅ではない。東武鉄道は志木通過の理由を発表していないが、やはり快速急行の朝霞台、志木の連続停車を避けた感じだろう。

そして、急行は成増、和光市、朝霞、朝霞台、志木の順に5駅連続停車となった。このあたりを、現在、沿線住民がどのように評価しているのか、気になるところだ。

このように、大胆な再編を行なった東武東上線。このまま落ち着くのか、それともさらなる変更があるのか。このあたりも今後注目したい。

3 路線が乗り入れるのに、急行すら停車しない駅とは

一般的に、複数の路線が乗り入れる駅は、たいがい急行や特急が停車するものだ。だが、例外も存在する。それが、南海高野《こうや》線の中百舌鳥《なかもず》駅だ。

中百舌鳥駅には南海高野線のほかに泉北《せんぼく》高速鉄道、大阪メトロ御堂筋《みどうすじ》線（駅名は「なかもず」）が乗り入れる。南海高野線と泉北高速鉄道は相互直通運転を実施している。大阪メトロ御堂筋線はいわずと知れた大阪の大動脈のひとつであり、中百舌鳥駅は同線の終着駅だ。

このように見ると、中百舌鳥駅には当然、南海高野線の特急や急行が停車すると思うのが自然だろう。ところが、中百舌鳥駅は特急、急行停車駅ではない。さらに、泉北高速鉄道にも乗り入れる区間急行すら停車しないのだ。停車する種別は各停と準急のみである。

なぜ、中百舌鳥駅に上位の優等列車が停車しないのか。真っ先に思い浮かぶのは、南海高野線と大阪メトロ御堂筋線との関係である。

南海高野線は大阪ミナミの中心地、難波駅を起点とする。当然、南海電鉄としては、そのまま自社の電車に乗ってもらい、難波まで行ってほしい。

対する大阪メトロ御堂筋線も難波駅に乗り入れる。ようするに、南海高野線と大阪メトロ御堂筋線は中百舌鳥—難波（駅名は「なんば」）間においてライバル関係にあるのだ。しかも、御堂筋線は

難波から先、梅田や新大阪にも乗り入れる。

南海電鉄からすれば、もし中百舌鳥駅に特急を停車させると、せっかくの高野山観光客が中百舌鳥駅で大阪メトロに乗り換えてしまうかもしれない。そうなると当然、難波―中百舌鳥間分が減収となる。

これは、南海電鉄にとって面白くない話だ。中百舌鳥駅と同様に、JR阪和《はんわ》線との接続駅、三国《みくに》ケ丘《がおか》駅にも特急、急行は停車しない。

ふたつめは駅周辺の環境だ。中百舌鳥駅は3つの路線が乗り入れるが、百貨店は存在しない。バブルの時期に百貨店進出の話もあったが、頓挫《とんざ》してしまった。

この路線環境は1日あたりの乗降客数にも反映されており、南海中百舌鳥駅の1日乗降客数は約2万1000人（2022年度）。この数字は高野線利用者のみのものであり、急行停車駅の北野田

駅舎のリニューアル工事も行なわれた中百舌鳥駅

駅、金剛《こんごう》駅、河内長野駅よりも少ないのだ。

一方、明るい話もある。堺市は中百舌鳥駅周辺の再開発にかんする基本方針を策定。駅前広場の整備や商業施設の建設がイメージされている。再開発により、中百舌鳥駅に上位の優等列車が停車する日が来るかもしれないのだ。

4章

各社の〝看板種別〟。その変遷を探る

西武新宿線の「特急」が一新へ…予想される変化とは

西武新宿線には西武新宿と本川越《ほんかわごえ》を結ぶ特急「小江戸《こえど》」が走っている。途中停車駅は高田馬場、東村山、所沢、狭山市《さやまし》だ。

西武新宿―所沢間では、田無《たなし》駅に停車するか否《いな》かしか、快速急行と変わらないが、所沢―本川越間は快速急行が新所沢以遠の各駅に停車するため、特急と快速急行の差は拡大する。

もっとも、新宿線における快速急行の本数は少なく、主力種別は急行だ。急行は田無―本川越間は各駅に停まるため、特急は絶対的優位に立つ。西武新宿―本川越間の昼間時間帯の所要時間は特急が45分、急行が60分だ。

西武特急で興味深いのは使用車両である。秩父に直通する池袋線・秩父線では特急「ラビュー」が走る。「ラビュー」の専用車両001系は2019（平成31）年3月にデビュー。丸形の車体と窓の低さに注目が集

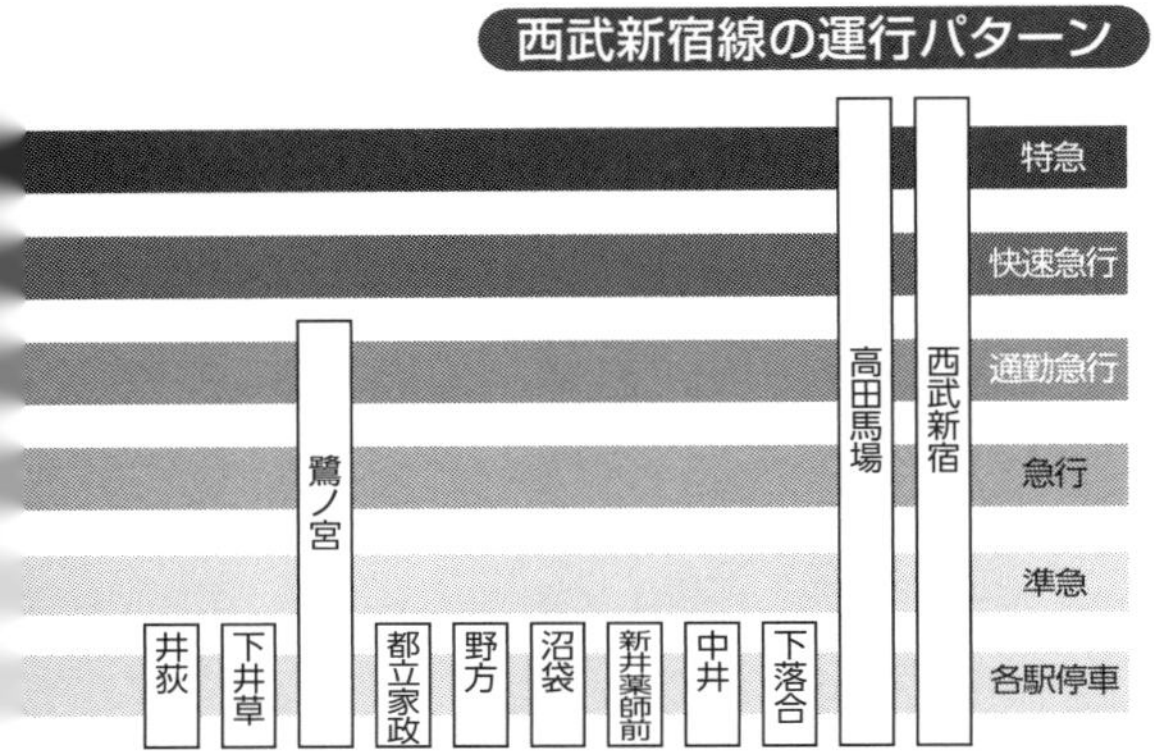

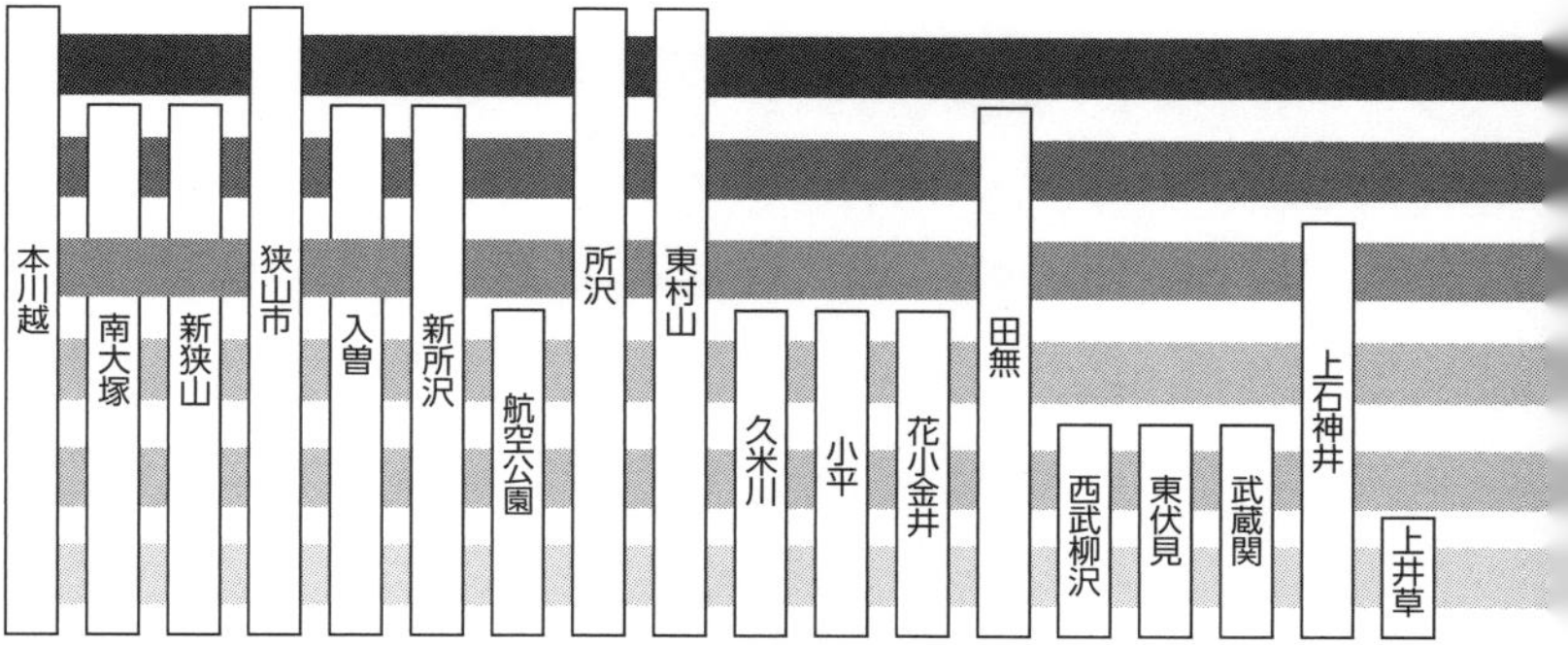

※西武新宿―拝島間を結ぶ「拝島ライナー」は、高田馬場から小平までノンストップで走り、拝島線に直通する。高田馬場では上り列車は降車専用、下り列車は乗車専用の停車。小平は上り列車のみ乗車専用の停車となる

まった車両だ。

一方、特急「小江戸」に使われる車両は「ニューレッドアロー」の愛称を持つ10000系だ。「ニュー」とはなっているが、登場は30年以上前の1993（平成5）年である。しかも、廃車となった通勤電車の走行機器を流用しているため、老朽化は相当進んでいると考えられる。実際、廃車が進んでおり、2020（令和2）年には池袋線の定期特急運用から撤退した。

しかし、2024（令和6）年7月現在、特急「小江戸」が001系に代わるという話はない。同じ「特急」という種別でありながら、池袋線と新宿線とのあいだに大きな格差が生じているのが現状だ。

2024年5月、西武は2024年度鉄道事業設備投資計画を発表したが、このなかで特急「小江戸」の将来にかんする言及があった。10000系「ニューレッドアロー」はすべて新たな車両に置き換えたうえで有料着席サービスを刷新《さっしん》する、とのことだ。運行開

西武新宿線の主力優等種別は急行

引退へのカウントダウンが始まった10000系「ニューレッドアロー」

始は２０２６（令和８）年度中としている。

気になるのは「有料着席サービスを刷新する」という文言だ。また、新宿線の着席サービスにかんしては「柔軟な運行形態」というワードも含まれている。これは筆者の予想に過ぎないが、新宿線の特急は将来、これまでのようなリクライニングシート車ではなく、「Ｓ－ＴＲＡＩＮ」や「拝島《はいじま》ライナー」のようなクロスシートの座席指定車両になるかもしれない。

実際、ライバルの東武東上線には座席指定車両「ＴＪライナー」がある。特急「小江戸」が西武新宿—本川越間を約45分で走り、特急料金が６００円であるのに対し、「ＴＪライナー」は池袋—川越市間を約30分で走破。座席指定券は３７０円（下り）だ。

ようするに、所要時間45分という条件下で、リクライニングシート車の特急型車両が必要か否かという問題だ。新宿線の特急は今後、どのような運命をたどるのだろうか。

阪神・山陽「直通特急」の複雑すぎる停車パターン

阪神電鉄と山陽電鉄の看板種別は「直通特急」である。朝から夜まで、大阪梅田—山陽姫路間を走破する（74〜75ページの図参照）。全長は90キロメートル以上にわたり、小田急電鉄の新宿—小田原間よりも長い。

ロングランであり、しかも特別料金が不要なこの特急列車は、停車駅のパターンが大変に複雑なものとなっている。いったい、何パターンあるのか。この問いに答えるには、高校数学のような場合分けが必要となる。

最初に、直通特急の種別幕の色に注目してみよう。直通特急には「赤色の直通特急」と「黄色の直通特急」がある。赤色と黄色で阪神元町―山陽板宿《いたやど》間での停車駅が異なる。赤色は元町、高速神戸、新開地《しんかいち》、高速長田《ながた》の順に停車し、西元町、大開、西代駅には停車しない。一方、黄色は元町―山陽板宿間は各駅に停車する。まず、ここでふたつに分けられる。

次に、山陽電鉄線内の基本となる停車駅は板宿、月見山《つきみやま》、山陽須磨《すま》、山陽垂水《たるみ》、舞子《まいこ》公園、山陽明石、東二見《ひがしふたみ》、高砂、大塩、飾磨《しかま》である。これに加え、時間帯により、滝の茶屋、荒井、白浜の宮にも停車する。

問題は、すべての直通特急が「滝の茶屋、荒井、白浜の宮」の3駅に必ず停車するわけではない、ということだ。「3駅すべて通過」「3駅すべてに停車」「滝の茶屋のみ停車」「荒井と白浜の宮に停車」と4つのパターンがあり、これに先述した「赤色」「黄色」を掛け合わせると、合計8パターンになる。

ここまでは、甲子園駅停車の基本パターンを見てきた。阪神本線では平日朝ラッシュ時の大阪梅田行きに限り、直通特急は甲子園を通過する。甲子園駅通過の直通特急は「滝の茶屋のみ停車」と「滝の茶屋・荒井・白浜の宮停車」の2パターンがある。ここで、ようやく答えが出た。直通特急の停車駅は全部で10パターンもあるのだ。

ちなみに、「赤色」が通過し、「黄色」が停車する西元町、大開、西代の住民に「間違って赤色の直通特急に乗ってしまい、気がつけば自宅の最寄《もよ》り駅を通過……という経験があるか」と尋《たず》ねたことがある。すると「何回も誤乗《ごじょう》しそうになったことがある。だから、念入りに駅の放送や車内放送に耳を傾ける」という答えが返ってきた。直通特急が赤色と黄色に区分され、20年以上が経過するが、いまだにこんな感じなのだ。

初めて阪神神戸高速線内と滝の茶屋、荒井、白浜の宮の各駅を訪れる際は、直通特急の停車駅に十分に注意を払っていただきたい。

京阪「快速特急」ノンストップ運行が復活した経緯とは

現在、京阪電鉄では京橋―七条間ノンストップの快速特急「洛楽《らくらく》」が、本数は少ないながらも運行されている。

かつての京阪特急は京橋―七条間ノンストップが当たり前だった。しかし、1990年代にJRの新快速に押されるかたちで、いったんは廃止の憂《う》き目に遭ったという歴史を持っている。ここでは京橋―中書島《ちゅうしょじま》間ノンストップ列車も含めて、複雑な京阪最優等種別の遍歴を見ていきたい。

「京阪特急＝京橋―七条間ノンストップ」という図式が崩れたのは、1993（平成5）年1月実施のダイヤ改正だ。この改正で、平日朝ラッシュ時の京橋方面6本の特急が、宇治線と接続する中

京阪本線・鴨東線（京橋―出町柳間）の運行パターン

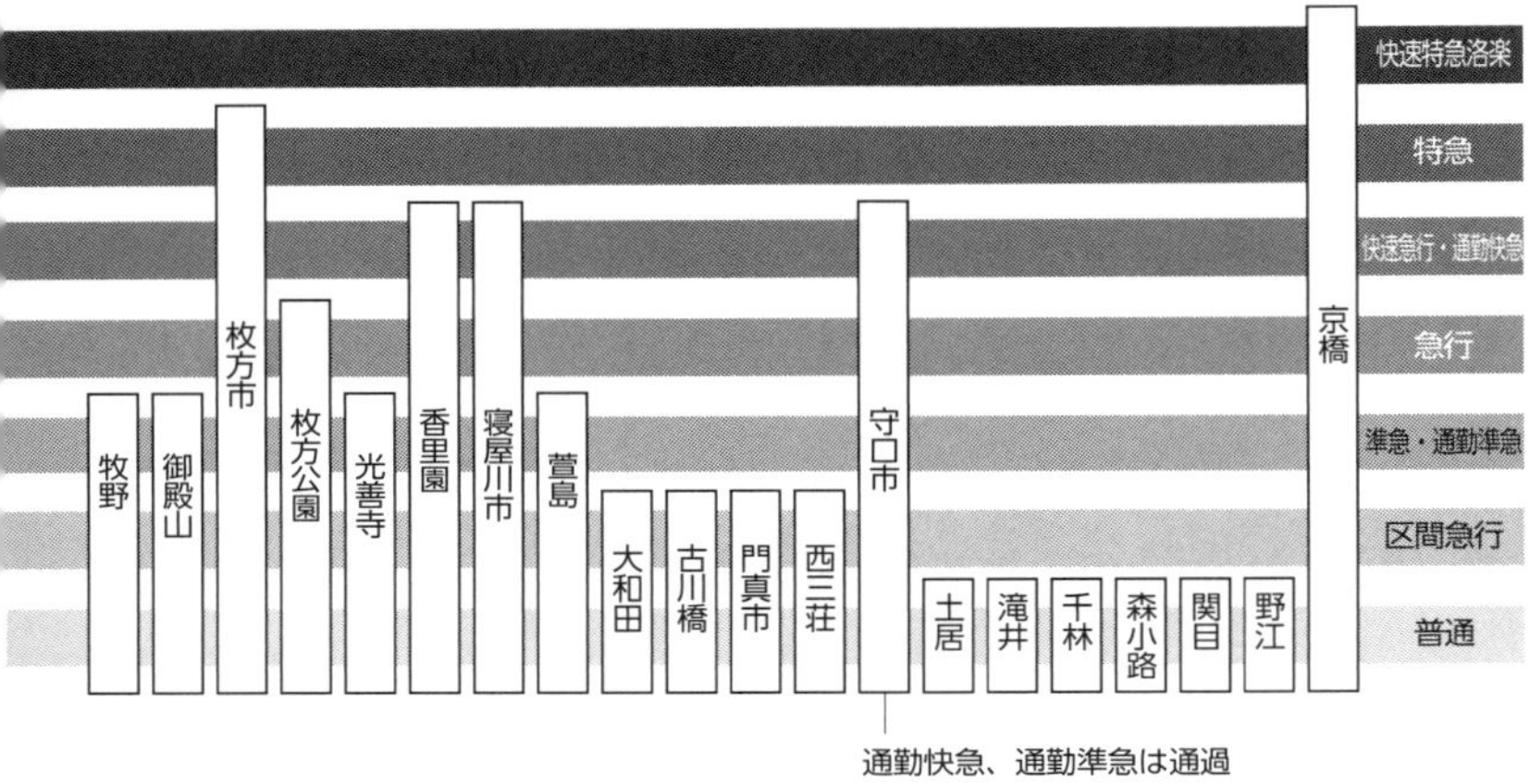

書島に停車するようになった。

続いて、１９９７（平成9）年3月ダイヤ改正で、平日朝の京橋方面の特急が中書島に加え、交野《かたの》線との接続駅である枚方市《ひらかたし》にも停車するようになった。

そして、２０００（平成12）年7月には、特急が中書島、丹波橋に終日停車するようになる。ここで、京橋―七条間ノンストップ特急はいったん過去帳入りした。

その後も特急の停車駅は増え、２００３（平成15）年9月には枚方市と樟葉《くずは》が終日にわたり特急停車駅となった。

同時に、平日朝の京橋方面と夕ラッシュ時・夜間の出町柳《でまちやなぎ》方面では京橋―中書島間ノンストップの特急が生き残り、新たな種別「K特急」が誕生した。

しかし、K特急は中之島線が開業した２００８（平成20）年10月に廃止され、新種別「快速特急」になる。しかし、この時点ではノンストップ区間はま

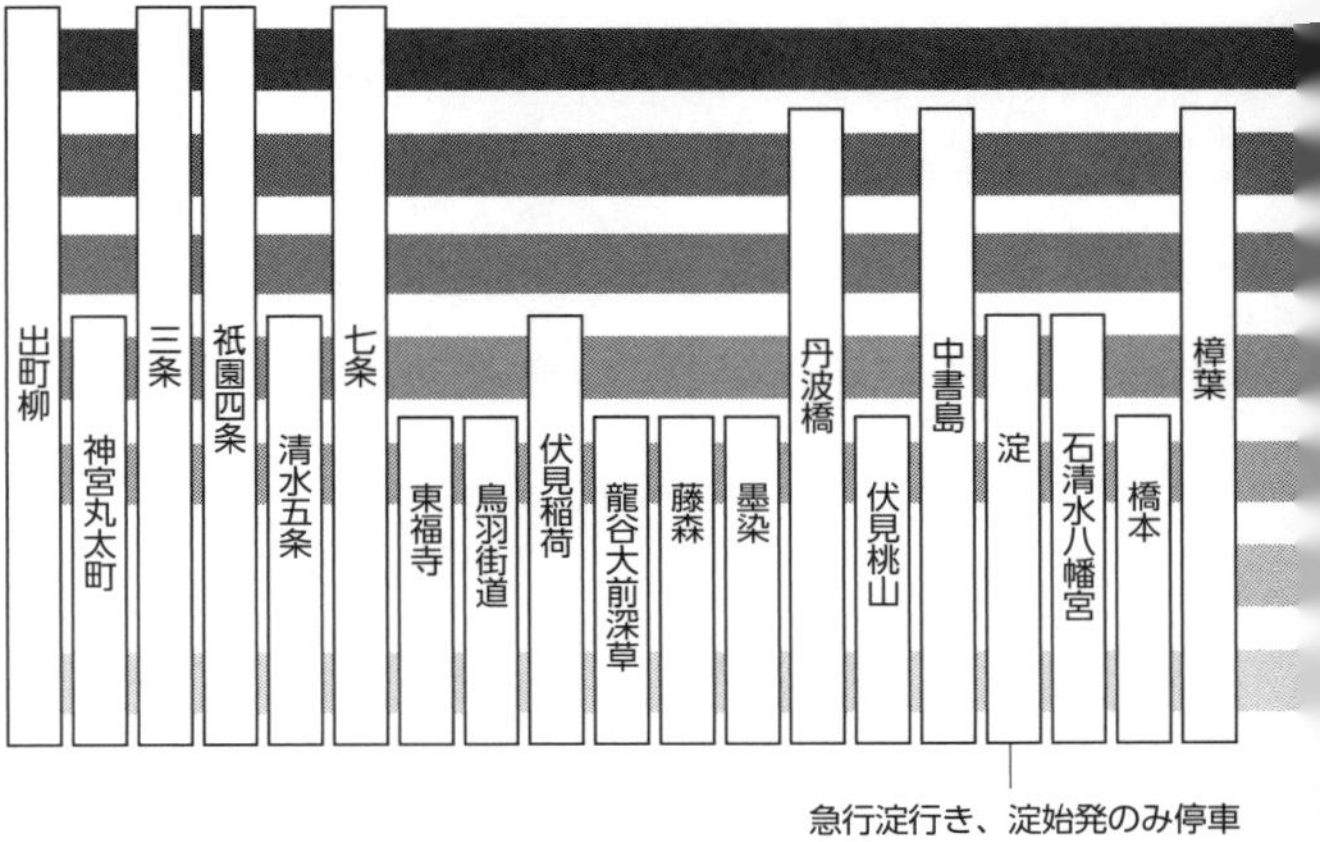

だ、京橋―中書島間だった。

2011（平成23）年、秋の臨時快速特急として、ついに京橋―七条間ノンストップが復活する。翌2012（平成24）年3月からは、快速特急「洛楽」として春秋の土曜休日に運行されるようになった。

そして、2017（平成29）年2月より平日運行が開始され、京橋―七条間ノンストップの快速特急「洛楽」は毎日運行となった。

このように、一時期はアルファベット付きの種別も誕生したが、京都に乗り入れる私鉄らしく漢字に落ちついた。

当分、京阪の最優等種別は快速特急であり続けることだろう。

JR東日本の「通勤快速」が次々と廃止になった理由

2024（令和6）年の鉄道関係のニュースで、大きな話題を呼んだのが京葉線の通勤快速の廃止をめぐる動きだろう。

じつは近年、首都圏では京葉線のみならず、他路線でも通勤快速の廃止が続いている。京葉線と同じく千葉県と都心を結ぶ総武快速線の通勤快速は、２０２２（令和４）年３月ダイヤ改正で廃止された。

それまで通勤快速は、平日朝ラッシュ時間帯に成田発大船行き１本、成田空港発逗子《ずし》行き１本、平日夕ラッシュ・夜間時間帯に東京発成田行き２本が設定されていた。錦糸町―千葉間の停車駅は船橋のみで、特急列車と変わらなかった。廃止された通勤快速は、快速に格下げとなった。

平日夜間に運行されていた東海道線東京―小田原間の通勤快速は、２０２１（令和３）年３月のダイヤ改正で廃止されている。通勤快速の停車駅は品川―大船間がノンストップとなり、横浜を通過する列車として知られていた。

通勤快速の代替列車として快速「アクティー」が設定されたが、これも２０２３（令和５）年３月ダイヤ改正で廃止された。その結果、平日夜間の品川駅発小田原方面行きは基本的に特急「湘南」と普通列車のみとなった。

２０２１年３月ダイヤ改正では、宇都宮線・高崎線の通勤快速も廃止されている。宇都宮線の通勤快速は快速通過駅の尾久《おく》に停車する代わりに、蓮田《はすだ》を通過した。一方、高崎線の通勤快速は速達パターンとそうでないパターンがあり、速達パターンは大宮―鴻巣《こうのす》間がノンストップだった。

宇都宮線の通勤快速は快速「ラビット」に、高崎線の通勤快速は快速「アーバン」にそれぞれ格下げとなったが、2024（令和6）年3月ダイヤ改正では、その「ラビット」「アーバン」の列車本数も大幅に減った。これにより、通勤快速の流れをくむ快速も一部廃止となってしまった。

ところで、宇都宮線・高崎線の通勤快速は1988（昭和63）年3月のダイヤ改正にて、夕ラッシュ時間帯～夜間時間帯に登場したが、当初の種別は「通勤快速」ではなく、「快速」だった。それも、昼間時間帯を走る快速「ラビット」「アーバン」と区別するために、宇都宮線は「スイフト」、高崎線は「タウン」という名称が付いた。「通勤快速」になったのは1991（平成3）年3月のダイヤ改正時だ。

そして、大きな話題を呼んだ京葉線の通勤快速である。JR東日本は2024年3月ダイヤ改正で、平日2往復の通勤快速の廃止、朝夕ラッシュ時間帯の快速の廃止を発表した。それまで、通勤快速は蘇我《そが》―新木場《しんきば》間がノンストップで、遠距離通勤者にとっては大助かりな列車だった。

このダイヤ改正は、沿線住民だけでなく、沿線自治体の首長からの反発も生んだ。JR東日本は快速の一部復活には応じたが、通勤快速の復活は叶《かな》っていない。

なぜ、JR東日本は通勤快速の廃止に走るのだろうか。各路線別の具体的な要因に言及することはここでは避けるが、一般的には、優等列車に乗客が集中するために起きる混雑の平準化を理由として優等列車が廃止されることが多い。

たしかにその理由もあるだろうが、筆者はそれだけではないと考える。マクロ的視線に立つと、コロナ禍を通じて大企業を中心にテレワークの導入が進んだ。

通勤快速廃止前の京葉線の運行パターン

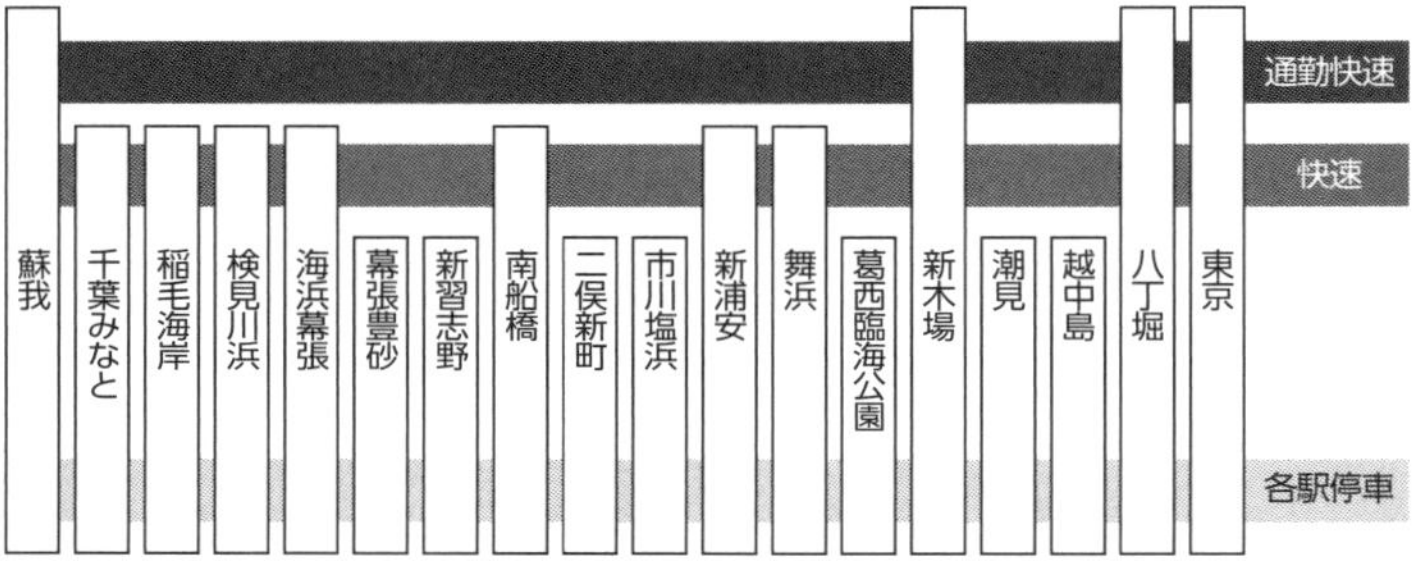

※東京〜蘇我間は、通勤快速の廃止により、朝は最大15分程度、夕方は最大20分前後（いずれも各駅停車との比較）乗車時間が長くなった

通勤快速廃止前の京葉線の発車時刻表示板

また、少子高齢化の流れは今後も続く。テレワーク導入と少子高齢化を掛け合わせると、長距離通勤客の減少は避けられないだろう。

少なくとも、昭和から平成にかけて見られた郊外から都心への通勤客が爆発的に増加するといった現象は、もう起こりえない。社会情勢は鉄道の種別、ダイヤにも影響を与えるのである。

乗車中に種別が変わる「エアポート快特」「アクセス特急」

京急本線、都営浅草線および京成線を代表する種別が京急電鉄・都営地下鉄・京成電鉄が運行する「エアポート快特」と「アクセス特急」である。

基本的にエアポート快特とアクセス特急は同一列車であり、運行区間は羽田空港—成田空港（成田スカイアクセス線経由）となるが、利用する際にはいくつかの注意点がある。

まず、途中駅で種別名が変わる。京急、都営線内は「エアポート快特」で、京成線内は「アクセス特急」だ。また、快速特急の名称そのものも、京成はそのまま「快速特急」だが、京急は略して「快特」である。さすがに「アクセス快速特急」だと、少し長ったらしい。「アクセス特急」がちょうどいい長さだ。

次は停車駅に気をつけたい。京急線内での「エアポート快特」は羽田空港第3ターミナル—品川間をノンストップで走る。主要駅である京急蒲田駅は通過する。これに地元住民が猛反発したのは

京急車による「エアポート快特」

京成車による「アクセス特急」

よく知られた話だ。一方、「快特」は京急蒲田駅に停車する。

エアポート快特は都営浅草線にも通過駅がある。都営浅草線内の停車駅は泉岳寺《せんがくじ》、三田《みた》、大門《だいもん》、新橋、日本橋、東日本橋、浅草、押上《おしあげ》だ。快特は都営浅草線内の各駅に停車する。

一方、京成のアクセス特急は快速特急と同じく押上—青砥《あおと》間はノンストップだ。成田スカイアクセス線内は特急停車駅の西白井《しろい》、白井、小室、印西《いんざい》牧の原は通過駅である。

ところで、エアポート快特とアクセス特急は基本的に同一列車だと先述したが、「基本的に」と記したとおり、例外も存在する。

たとえば、羽田空港第1・第2ターミナル駅9時39分発（平日）成田空港行きは、京急線内は「急行」、都営浅草線内は「エアポート快特」、京成線内は「アクセス特急」と走る路線で種別が変わっていく。当然、停車駅も変わるため、とくに昼間時間帯以外は、品川駅や押上駅で確認することをおすすめする。

最後に、エアポート快特とアクセス特急の共通点は、種別を示す色だ。ともにオレンジ色であり、他種別と区別している。また、エアポート快特、アクセス特急に従事する京成車の帯色もオレンジ色だ。

ともかく、羽田空港や成田空港の各駅から種別表示がオレンジ色の列車に乗車する際は要注意、といったところだ。

福井鉄道は路面電車スタイルで急行を運行

路面電車は普通列車で運行されるのが一般的だ。利用者からしても、路線バスのように近距離移動を旨《むね》とする路面電車は、すべての停留所・駅に停車するのが当然だと思うことだろう。

しかし、「急行」という種別を掲《かか》げ、華麗に駅を通過していく路面電車も存在する。それが、福井と武生《たけふ》を結ぶ福井鉄道である。

福井鉄道は福井市内の田原町《たわらまち》駅から、たけふ新駅までの路線を基本としつつ、福井城址大名町《だいみょうまち》駅から福井駅へ延びる支線がある。

総路線距離21・4キロメートルのうち、福井市内の3・3キロは道路の上を走る併用軌道だ。残りは、通常の鉄道と同じ専用軌道となる。車両はすべて路面電車タイプであり、2005（平成17）年に廃止された名鉄岐阜市内線、美濃町《みのまち》線からの移籍組も含まれる。

種別は普通のほかに急行と区間急行があり、路面電車が専用軌道の駅を通過する。一方、併用軌道線の駅は一部の

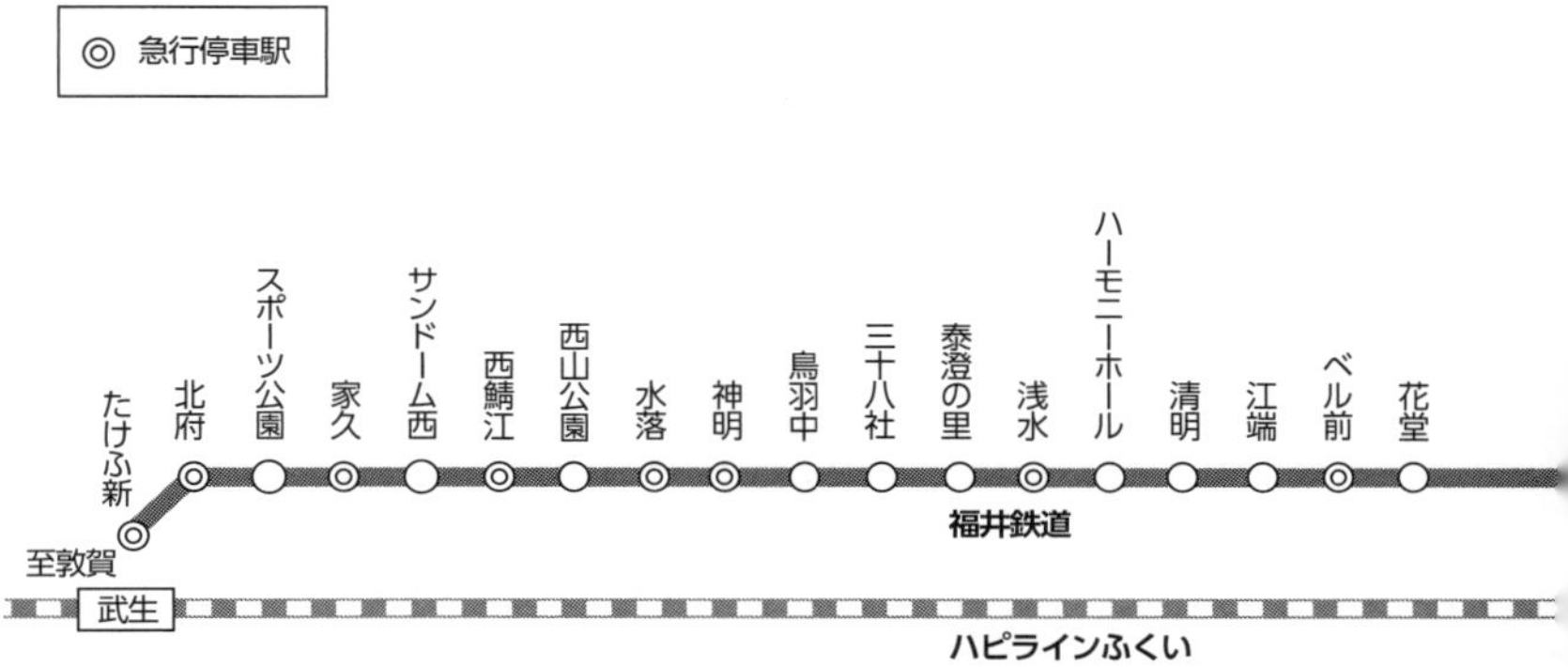

※足場山公園口、商工会議所前は一部の急行は通過

列車を除いて、すべてに停車する。

また、福井鉄道は2016（平成28）年から、えちぜん鉄道三国芦原線《みくにあわら》（田原町—鷲塚針原《わしづかはりばら》間）と相互直通運転を実施している。

えちぜん鉄道は通常の鉄道車両に合わせた駅設備を有しているため、直通区間の各駅に路面電車が停車できるよう、低床《ていしょう》式のホームが整備された。一方、えちぜん鉄道も路面電車タイプの車両を保有した。

直通電車は、基本的にえちぜん鉄道線内は各駅に停まる。種別は、相互直通運転開始時は急行だったが、現在は普通列車が乗り入れ、えちぜん鉄道の時刻表では「直通列車」と明記されている。ただし、中角《なかつの》駅には停車しない。中角駅は築堤《ちくてい》の上にあり、ホームの延長が難しいことから停車が見送られたと推測される。

つまり、中角駅では通常のえちぜん鉄道の電車は停車し、福井鉄道からの路面電車タイプの列車は通過するという珍しいシーンが見られる。種別はともに「普通」にもかかわ

併用軌道を走る福井鉄道880形

急行は朝と夕方時間帯に運行される

らず、だ。

さて、福井鉄道の急行は朝夕ラッシュ時間帯に運行されているが、２０２３（令和５）年10月ダイヤ改正までは昼間時間帯にも運行されていた。

急行削減の原因になったのが運転士不足である。少子高齢化が進む社会において、地方ではますます運転士が不足することになるだろう。運転士不足による本数削減で標的になりやすいのは急行のような優等種別だ。

福井鉄道の例を見ると、今後、地方私鉄では優等種別を運行することは難しくなるような気がしてならない。

唯一無二の種別が走る兵庫県の私鉄とは

兵庫県には山陽電鉄と神戸電鉄という、ともに中小規模の鉄道会社が存在する。そして、両社は全国唯一の特徴的な種別を持っている。山陽電鉄は「S特急」、神戸電鉄は「特快速」だ。

「S特急」は山陽電鉄における直通特急・特急に次ぐ優等種別であり、他社であれば「急行」になるであろう。阪神神戸三宮からの停車駅は元町、高速神戸―板宿間の各駅、東須磨（山陽姫路行きのみ）月見山、山陽須磨、滝の茶屋、山陽垂水、霞ケ丘《かすみがおか》、山陽明石、藤江、東二見以遠は各駅に停まる。

たしかに直通特急・特急よりも停車駅は多いが、すべての直通特急が停車する舞子《まいこ》公園、一部の

神戸電鉄有馬線・三田線の運行パターン

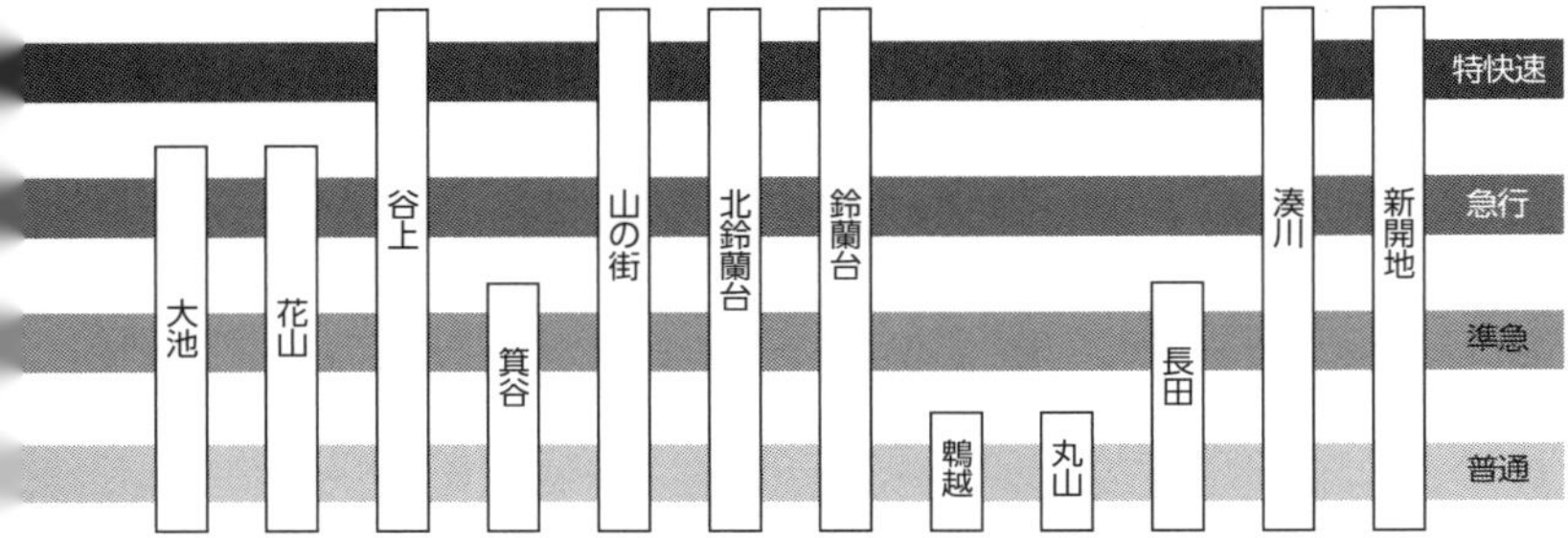

直通特急が停車する西元町は通過する。

朝夕ラッシュ時と夜間（平日）に運行され、直通特急のサブ的役割を果たす。始発駅は阪急・阪神の神戸三宮であり、直通特急のように阪神大阪梅田方面へは乗り入れない。

S特急の元祖は1987（昭和62）年ダイヤ改正で、霞ケ丘駅などに追加停車するようになった通勤特急だ。1991（平成3）年に「S特急」に改称された。この名称は公募で選ばれ、「サービス」「スピーディー」「スマート」「ショート」の頭文字「S」に由来するという。

一方、「特快速」は神戸電鉄線内の最優等種別だ。運行区間は有馬線・三田《さんだ》線に限られ、しかも三田駅発新開地行きの一方向しかない。運行本数も平日朝ラッシュ時の2本のみである。

停車駅は三田―岡場《おかば》間の各駅と谷上《たにがみ》、山の街、北鈴蘭台《きたすずらんだい》、鈴蘭台、湊川《みなとがわ》、新開地だ。有馬温泉方面へ分岐する有馬口駅には停車しない。

「特快速」というネーミングから、いかにもスピードが速

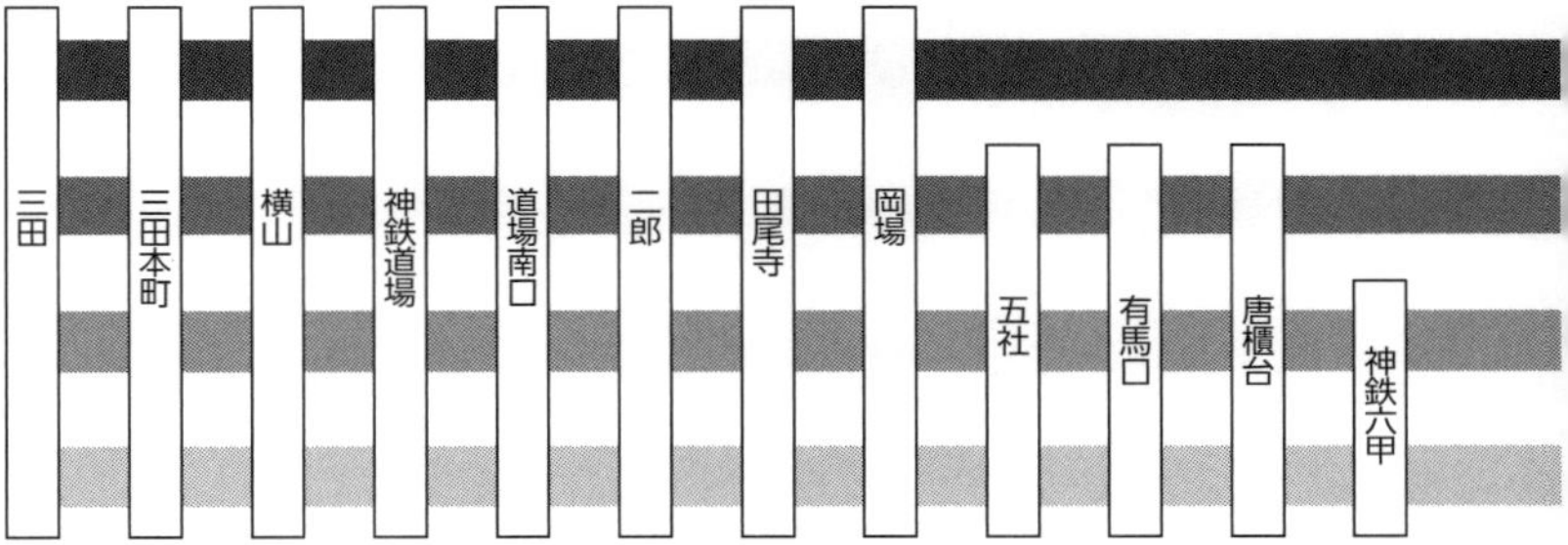

そうに思えるが、三田駅から新開地駅までの所要時間は54分。表定速度は時速38キロしかなく、急行と1分しか変わらない。

そもそも神戸電鉄は追い越しができる駅が少なく、急勾配・急カーブも多い。すぐに先行列車に追いついてしまうため、いくら駅を通過しても所要時間の短縮にはつながらないのだ。

有馬線・三田線の平成史は、優等列車が定まらない苦難の歴史であった。1988（昭和63）年に北神《ほくしん》急行電鉄（現・神戸市営地下鉄北神線）谷上—新神戸間の開業を機に特急が新設された。

1991（平成3）年には特急と急行のあいだに快速を設定し、1995（平成7）年に一部の快速を格上げするかたちで特快速が生まれた。つまり、特快速とは「特急と快速の中間」を意味するのだ。

このように種別のインフレが進んだが、1998（平成10）年ダイヤ改正にて特急が廃止された。特急廃止は、三

山陽電鉄「S特急」の種別・行先表示板。
英字表記は「LTD.EXP.」となる

神戸電鉄線を走る「特快速」

田線（有馬口―三田）における特急通過駅での停車本数の減少が背景にあった。そして、2007（平成19）年に快速が廃止され、現在に至る。主力種別は通過駅2駅の準急と普通だ。

特急や快速が廃止されたことで、三田線・有馬線沿線から大阪・神戸へのアクセスが不便になったかといわれると、実際はそうでもない。まず、三田方は三田駅からJR宝塚線（福知山線）で大阪へ向かうのが一般的だ。岡場駅・有馬口駅をはじめとする中央部は、谷上駅で神戸市営地下鉄北神線への乗り換えが便利だ。

谷上―三宮間の所要時間は約10分、2020（令和2）年6月の市営化により、同区間の運賃はそれまでの運賃の約半額の280円となった。鈴蘭台方は従来どおり、新開地駅で阪神・阪急に乗り換えることになる。つまり、三田駅から新開地駅まで乗り通す利用者は少ないということだ。

実際に、特快速も谷上駅で大量の乗客が神戸市営地下鉄線へ乗り換える。神戸電鉄からすると、北神線の運行を委託されているとはいえ、複雑な光景といったところだろうか。

茨城県の非電化路線が「快速」を運行する事情

茨城県内にふたつの路線を保有している鉄道会社が関東鉄道である。ふたつの路線とは常総線（取《と》手《で》―下館《しもだて》）と竜ケ崎《りゅうがさき》線（佐貫《さぬき》―竜ケ崎）だが、ここでは路線距離が50キロメートルを超える常総線をとり上げたい。

関東鉄道常総線の路線図

常総線はJR常磐線との接続駅である取手駅を起点とする。取手駅を出発すると、20分ほどで守谷《もりや》駅に到着する。守谷駅は2005（平成17）年に開業したつくばエクスプレス（TX）との接続駅だ。常総線で区切りとなる駅は、取手駅から17・5キロ地点に位置する水海道《みつかいどう》駅である。取手―水海道間は複線だが、水海道―下館間は単線だ。

そのため、取手発の多くの列車は水海道止まりとなり、下館方面は水海道駅で乗り換えとなる。終着の下館駅は小山《おやま》―友部《ともべ》間を結ぶJR水戸線と接続する。

さて、常総線には快速が存在する。運行開始は2005年。勘のいい方ならおわかりだろうが、つくばエクスプレスの開業と同時に誕生した種別だ。快速の停車駅は取手―守谷間の各駅と水海道、石下《いしげ》、下妻《しもづま》、下館である。この快速は下館―守谷間の設定もあり、つくばエクスプレスを意識していることは明らかだ。

話を進めていく前に、ここで現在の常総線の役割を確認しておきたい。常総線の役割のひとつに、沿線住民と首都圏へ向かう路線をつなぐことが挙げられる。

長らく、常総線沿線からJR取手駅へ、そして常磐線を経由して首都圏という流れがあった。これを大きく変えたのが、つくばエクスプレスである。つくばエクスプレスは茨城県から首都圏へ向かう所要時間を劇的に短縮し、常総線沿線から守谷駅を経由して首都圏へ向かう流れが構築された。

関東鉄道にしてみれば、守谷—下館間の利用客は、つくばエクスプレスの守谷駅を利用するから、守谷—取手間の減収は覚悟しなければいけない。かといって、つくばエクスプレスを敵視するわけにもいかない。このジレンマのなかで誕生したのが快速である。

快速の狙いのひとつに、下妻、下館地域の利用

取手駅で発車を待つ関東鉄道キハ2300形

促進が挙げられる。つくばエクスプレス開業前は、下妻駅や下館駅から取手駅まで普通列車で1時間以上を要したうえで常磐線で首都圏を目指した。また、下妻駅から下館駅、東北新幹線小山駅を経由するルートとなると、東京駅まで約2時間かかっていた。通勤客に相当の負担がかかっていたことは想像に難《かた》くない。

しかし、つくばエクスプレス開業により、状況は大きく変わった。そこで下妻駅、下館駅から少しでも速く守谷駅へ到達するために設定された種別が快速、というわけだ。実際に、平日朝ラッシュ時間帯の「常総線の快速+つくばエクスプレス」での下妻駅から秋葉原駅までの所要時間は約1時間20分、下館駅からは約1時間40分だ。

気になるのは、コロナ禍後のリモートワークの普及により、「100分圏内が通勤圏内になる」という常識もまた、変わりつつあるということだろう。利用者数の推移によっては、関東鉄道常総線での種別事情も変わるかもしれない。

廃止と復活をくり返した一畑電車「特急」の歩み

島根県唯一の私鉄である一畑《いちばた》電車は、電鉄出雲市駅から宍道湖《しんじこ》沿いを走り、松江しんじ湖温泉駅へ至る北松江線と、川跡《かわと》―出雲大社前間の大社線から成る。川跡駅は北松江線と大社線の電車が発着する、地方ローカル線のターミナル駅だ。

そんな一畑電車には、ふたつの特急が存在する。ひとつめは平日朝に運行される特急「スーパーライナー」だ。電鉄出雲市駅発松江しんじ湖温泉行きで、途中停車駅は大津町、川跡、雲州平田《うんしゅうひらた》、一畑口。電鉄出雲市―松江しんじ湖温泉間は計22駅あるが、スーパーライナー停車駅は6駅のみだ。所要時間は40分で、普通列車よりも20分速い。参考までに、JR山陰本線の出雲市―松江間の普通列車も所要時間は約40分だ。

ふたつめの特急は、土休日限定運行の電鉄出雲市発出雲大社前行きだ。途中停車駅は大津町、川跡だが、川跡駅での松江しんじ湖温泉駅への列車接続はない。つまり、出雲大社への参拝に特化した特急といえる。このほかに急行も存在する。

一畑電車の種別の歴史、とくに特急の歴史は複雑だ。国鉄時代は山陰本線の普通列車の本数が少なく、出雲市―松江間の移動は一畑電気鉄道（現・一畑電車）が担《にな》っていた。

1987（昭和62）年の国鉄民営化後、JR西日本は普通列車の本数を増やした。一畑電車はJR山陰本線と比べると、線形や駅数の多さから所要時間の面から不利である。

そのため、出雲市―松江間の直通客は一畑電車からJRへ移行した。一畑電車は沿線住民のローカル輸送に徹する姿勢を鮮明にし、電鉄出雲市―松江温泉（現・松江しんじ湖温泉）間の急行が廃止された。

そもそも、一畑はモータリゼーションの影響により、昭和時代から赤字体質だった。それでも運輸省（現・国土交通省）からの補助金を得ながら、何とか生きながらえてきた。しかし、1992

（平成4）年に運輸省は欠損補助制度の廃止を打ち出し、一畑は存続の危機にさらされる。最終的に国の近代化補助制度と自治体からの助成を受けることにより、存続が決定した。

その後、京王電鉄や南海電鉄から中古車両を導入し、車両の近代化を進めた。そして、ダイヤも攻めの姿勢に転じる。1995（平成7）年には北松江線のワンマン化と同時に、久しぶりの特急復活となった。

しかし、1996（平成8）年に平日の本数を増やす一方、特急は廃止された。わずか1年での廃止である。直通客か沿線重視かでダイヤの編成も揺れ動いていたようだ。

利用者は減り続け、2002（平成14）年度に利用者人員は150万人を割り、ふたたび存廃問題がクローズアップされた。

一畑電車の検討委員会は、沿線自治体で構成された協議会に対し、所要時間や環境面から鉄道が有利と主張。そして、線路などの所有権は一畑に残しつつ、沿線自治体が線路などの鉄道設備の維持費を負担する「みなし上下分離方式」が提案された。つまり、鉄道設備の修繕、更新費用にかんして、沿線自治体からの支援を受けることになったわけだ。

そして、2006（平成18）年に「みなし上下分離方式」がスタート。「みなし上下分離方式」がスタートする2年前の2004（平成16）年には、3度めとなる特急が復活した。当初から「スーパーライナー」の愛称が与えられ、停車駅数の変更はあるものの、今日に至っている。

また、利用者数自体はコロナ禍前まで回復しつつある。これからも、特急「スーパーライナー」

が一畑電車の〝希望の星〟となることを願っている。

東急東横線の「特急」はライバルとの競争が生んだ

東急電鉄東横線の特急は意外と歴史が浅い。特急が登場したのは2001（平成13）年3月であり、それまでの優等列車は急行のみであった。

まず、2001年ダイヤ改正前の東横線の状況から振り返ってみる。改正前の東横線は、みなとみらい線がまだ開業しておらず、渋谷と桜木町を結んでいた。また、渋谷駅から東京メトロ副都心線への乗り入れも行なわれておらず、東横線の渋谷駅は地上のターミナル駅であった。

当時の急行の停車駅は23駅中12駅であり、とくに渋谷—菊名間は16駅中10駅だった。そのため、巷《ちまた》では東横線の急行は〝隔駅《かくえき》停車〟といわれ、渋谷—横浜間の所要時間は32分を要した。これが、東横線の最速列車の実態だったのだ。

この急行を中心としたダイヤは、利用者数にも如実《にょじつ》に表れた。東横線は1990（平成2）年度を境に利用者数が減少し、とくに渋谷—横浜・桜木町間の直通客は1990年度を基準にすると、1996（平成8）年度は7割近くまで落ちこんだ。しかも、2000（平成12）年には、JR東日本が横浜から渋谷・新宿方面へ運行する列車——「湘南新宿ライン」のプランを発表する。

もともと、東急電鉄は東横線について、速達サービスよりも沿線重視型サービスに重きを置いていた。しかし、乗客数が減少し、「湘南新宿ライン」というライバルも出現したことで、新たな需要を掘り起こす必要に迫《せま》られた。新たな需要というのは、すなわち渋谷―横浜間の直通輸送である。

こうして、東横線への特急の設定が決まった。停車駅は他社線との接続駅である中目黒《なかめぐろ》、武蔵小杉、菊名《きくな》、横浜、また、他の東急路線との接続駅という観点から、自由が丘、さらに追い抜き設備がある駅として日吉《ひよし》が候補に挙がったが、渋谷―横浜間を最短で結ぶことを優先させ、渋谷、自由が丘、武蔵小杉、菊名、横浜、そして当時の終着駅だった桜木町に絞られた。

そして、2001年3月、特急は急行とともに15分間隔（日中時間帯）での運行が始まった。特急の運行開始により、渋谷―横浜間の所要時間は27分（横浜方面）となり、4分以上の短縮が実現。その一方で、平日朝ラッシュ時間帯の運行は見送られた。

2003（平成15）年ダイヤ改正で、中目黒が特急停車駅に追加される。また、平日朝ラッシュ時間帯（渋谷方面）、夕ラッシュ時間帯・夜間（横浜・桜木町方面）に通勤特急を新設した。通勤特急の途中停車駅は中目黒、自由が丘、武蔵小杉、日吉、菊名、横浜となった。ここで、新しい東横線が完成したといえる。

特急の新設は大いにPRされ、渋谷―横浜間の直通利用客は増加。東横線は大きく変わり、渋谷―横浜間の都市間輸送のイメージが定着した。そして、現在の基本的な種別数（特急、通勤特急、急行、普通）は2003年から変わっていない。

5章

消えていった種別、よみがえった種別

京急の「エアポート急行」が廃止された意外な理由

京急電鉄は2023（令和5）年11月に「エアポート急行」を廃止した。2010（平成22）年に登場した種別で、「エア急」と呼ばれるなど、利用客や京急ファンから親しまれていた存在だった。廃止間近になると、「さようならエアポート急行」と記されたキーホルダーやクリアファイルが販売されるなど、異例の厚遇《こうぐう》であった。なぜ、これほどまでに親しまれてきた種別が廃止に追いこまれたのだろうか。

廃止の原因を探る前に、エアポート急行の概要を確認しておきたい。エアポート急行は文字どおり、羽田空港と都心、横浜方面を結ぶ主力種別のひとつだった。平日は昼間時間帯を除くと、エアポート急行が主役であり、羽田空港利用者にとって、おなじみの種別であった。昼間時間帯は羽田空港―逗子《ずし》・葉山《はやま》間の運行だったことから、「横浜、逗子方面へ向かう急行」というイメージを持っていた人も多いだろう。

エアポート急行は、空港線内は各駅、京急本線は立会川《たちあいがわ》、京急東神奈川、日ノ出町《ひのでちょう》をはじめとする特急通過駅にも停車していた。

廃止の原因は、種別表示器に示されていた「飛行機マーク」だ。京急ではエアポート急行を印象づけるために、「急行」の横に飛行機マークを描《えが》いていた。羽田空港行き以外の行き先であっても、常に飛行機マークを掲示していたのだ。

これに当惑したのが、外国人観光客だった。飛行機マークが付いているものだから、必ず羽田空港に向かう列車だと勘違いして、逗子・葉山行きに乗ってしまった、というケースが相次いだのだろう。インバウンド客の増加にともなう産物《さんぶつ》といってもいいかもしれない。

ダイヤ改正後、エアポート急行は単なる「急行」になった。停車駅は変わらずである。また、飛行機マークは種別表示器には表示されなくなり、代わりに羽田空港行きのみ、行先表示器に飛行機マークが表示されるようになった。

一方、関西空港―難波間を走る南海電鉄は、1994（平成6）年の関西空港開港当初から「空港急行」を運行している。南海では関西空港行きの列車に限り、種別表示器もしくは行先表示器に飛行機マークを表示している。

13年の歴史に幕を閉じた京急電鉄の「エアポート急行」

これはあくまでも筆者の推測だが、外国人観光客にとって横浜や都心の地名はなじみがあっても、「逗子」を知る人は皆無《かいむ》に近いだろう。なじみがない地名なだけに、「ひょっとしたら、途中駅に空港があるのかも」と思う人がいても、おかしくはない。

一方、南海の空港急行の行き先は「関西空港」か「難波」だ。おそらく、「難波」は外国人観光客になじみのある地名だろう。ルートもシンプルなだけに、迷うことはないはずだ。

京王の「準特急」は特急との統合により消滅

2022（令和4）年3月、京王電鉄は大規模なダイヤ改正を実施した。このダイヤ改正をもって、21年続いた「準特急」という種別が消滅した。正確に書くなら、準特急と特急が統合し、準特急が特急になった。

現在の京王線特急の停車駅は、2022年3月以前の準特急停車駅を引き継いだものだ。ダイヤ改正以前の特急は、笹塚《ささづか》駅や千歳《ちとせ》烏山《からすやま》駅には停車しなかった。

準特急がデビューした2001（平成13）年3月以前の特急停車駅は、本当に少なかった。新宿—京王八王子間の途中停車駅は、明大前、調布、府中、聖蹟《せいせき》桜ヶ丘、高幡《たかはた》不動《ふどう》。日中時間帯の特急は、新宿発京王八王子行きが20分おき、橋本行きも20分おきに設定されていた。

京王電鉄において、特急に準ずる種別は急行であり、日中時間帯も新宿—高尾山口間で運行され、特急を補完した。しかし、急行は停車駅の数が多く、単純に特急と停車駅数を比較すると「補完」というには苦しい状況だった。

こうして、２００１年３月ダイヤ改正で準特急が登場する。途中停車駅は明大前、調布、府中、分倍河原《ぶばいがわら》、聖蹟桜ヶ丘、高幡不動、北野であり、高尾線内の停車駅は当時の特急と同じだった。特急停車駅に分倍河原、北野のみが加わったことから、名実ともに特急をベースにした種別であることがわかる。先述した新宿―高尾山口間の日中の急行は準特急へと変わった。

２０１０（平成22）年以降は、準特急の停車駅が増えると同時に特急の停車駅も増加。２０１５（平成27）年９月ダイヤ改正時点で、調布―京王八王子間での特急と準特急の差はなくなった。一方、準特急登場時は特急と停車駅が同一だった新宿―調布間は、準特急が笹塚と千歳烏山にも停車する

特急と統合されるかたちとなった京王電鉄の「準特急」

ようになり、特急と準特急のあいだに差が生まれた。

そして、先述したように２０２２年3月ダイヤ改正により、準特急が「特急」の名称を与えられるようなかたちで種別が統一され、沿線外の利用者にもわかりやすくなった。

停車駅増加の背景としては、沿線中間主要駅の増加や、乗り換えの利便性の充実といった点が考えられる。また、京王は小田急や西武と異なり、本格的な複々線を有していない。首都圏という特殊性も考慮すると、複線で速達性と中間主要駅重視を両立させることは難しい、ということなのだろう。

阪急で復活した「準特急」の意外なメリットとは

前項でも述べたとおり、２０２２（令和４）年3月、京王電鉄から「準特急」が消滅した。ところが、京王電鉄で消えた「準特急」が、１年も経たない同年12月に、阪急電鉄でよみがえったのである。

阪急電鉄の準特急は神戸線と京都線で運行されており、いずれも快速急行からの改称である。神戸線の準特急は通勤特急の停車駅に六甲駅が加わり、神戸三宮―大阪梅田間のうち、六甲、岡本、夙川《しゅくがわ》、西宮北口、塚口《つかぐち》、十三《じゅうそう》に停車する。

一方、京都線の準特急は特急と通勤特急が合わさり、大阪梅田―京都河原町間のうち、十三、淡路、茨木《いばら》市《き》、高槻《たかつき》市《し》、長岡天神、桂《かつら》、西院《さいいん》、大宮、烏丸《からすま》に停車する。運行時間帯は微妙に異なり、神戸線の準特急は早朝と深夜時間帯、京都線の準特急は昼間時間帯以外（平日）に運行される。ようするに、京都線の準特急のほうが運行時間帯の幅が広いわけだ。

では、なぜ阪急は快速急行から準特急への改称を行なったのだろうか。

世間的によくいわれているのは２０２４（令和6）年7月に導入した座席指定車両「PRiVACE（プライベース）」への対応である。「PRiVACE」は京都線の特急系種別（特急・通勤特急・準特急）において、中間車1両が連結されている。

阪急京都線を
走る「準特急」

つまり、「PRiVACE」が連結されている列車＝特急系という構図ができ、乗客にとってもわかりやすいということだ。ちなみに、同じく座席指定車両「プレミアムカー」を導入している京阪電鉄は特急系種別（特急・快速特急・ライナー）だけでなく、快速急行にも連結している。このあたりの座席指定車両と種別との関係性は阪急と京阪で異なっている。

ところで、神戸線には「PRiVACE」は導入されていない。「それでは準特急への改称の意味がないのでは」と思うかもしれないが、そうではない。2章でもふれたが、筆者は学生時代、数年にわたりアルバイトとして阪急電鉄の某駅に勤務していた。その経験にもとづき、準特急への改称のメリットを説明していこう。

着目すべきは種別ごとの「色」だ。駅構内の案内表示器や車両の種別表示器において、阪急では特急系種別は赤色、急行系種別は黄色（急行・通勤急行）で区別している。

阪急沿線の住民は、列車を利用する際、案内表示器や種別表示器で赤色を見ると「終点まで先着する優等列車」と認識する。

一方、黄色で表示される急行系種別は、必ずしも終着駅まで先着しない。たとえば、神戸線の通勤急行は、西宮北口駅で後続の特急系種別に抜かされる。

利用し慣れている沿線住民なら問題ないだろうが、遠方からの利用客は混乱することもあるだろう。実際に筆者も駅でのアルバイト時代に、ホームに停車中の通勤急行を指さした乗客に「この電車は梅田まで先に着くのか」と質問された経験がある。

そんな混乱を防ぐために、駅構内の自動放送においても、急行系種別の場合は「○○（駅）へはこの電車が先に到着します」と追加案内がなされる。

快速急行から準特急になることで、種別を表す色も黄色から赤色へと変わった。快速急行も準特急も停車駅は変わらず、終着駅まで先着する。種別色が赤色になったことから、明確に「終点まで先着する列車」という認識を利用客に持ってもらえることだろう。

導入当初は「準特急」という種別にとまどいを見せる乗客も少なくなかったが、最近はその光景もしだいに消えつつある。京王の準特急は約21年の命であったが、阪急の準特急はいつまで見られるだろうか。

コロナ禍とともに消えた京阪の「深夜急行」

タピオカのように一気に話題となり、いつのまにかブームが終わったという例は鉄道の世界でもよく見られる。京阪電鉄の「深夜急行」も、登場時は鉄道ファンのあいだで話題となり、そしてコロナ禍とともに消滅した種別だ。

深夜急行は２０２１（令和３）年9月ダイヤ改正まで、淀屋橋《よどやばし》24時20分発樟葉《くずは》行きのみに設定されていた。後にも先にも、京阪のみに存在した種別である。

登場は中之島《なかのしま》線開業時の２００８（平成20）年11月ダイヤ改正だ。停車駅は急行停車駅と大きくは変わらないが、守口《もりぐち》市《し》駅と枚方《ひらかた》公園駅は通過し、樟葉駅着は24時50分ごろだった。駅を通過することにより、多少ダイヤが乱れたとしても、終着駅には25時前には何としても到着する、という強い意思が感じられる。

しかし、深夜急行は２０２０（令和２）年からのコロナ禍の影響をもろに受けた。コロナ禍により、深夜時間帯の需要は激減。深夜急行も2021年4月に行なわれた終電繰り上げにより運転休止に追いこまれ、同年9月のダイヤ改正で時刻表から姿を消す。そして、2023(令和5)年8月ダイヤ改正では、停車駅案内から「深夜急行」が削除された。

ちなみに、終電繰り上げにかんしては、コロナ禍による深夜時間帯の需要減だけでなく、保守作業員の待遇改善の側面もある。

これは京阪のみならず、全国の鉄道会社で喫緊《きっきん》の課題となっている。少子高齢化が進み、保守作業員の人員確保も難しくなっている。そこで、十分な作業時間を確保し、待遇も改善することで、保守作業員の人員の維持に努めるというわけだ。保守作業時間を確保するための終電繰り上げは致し方ないことだろう。

特急なみに飛ばした「超快速」が全廃された事情

「超」が付く種別はそれほど多くはない。24ページで紹介したように「超特急」は存在したが、今はない。

直近で「超」がついていた種別といえば、北越《ほくえつ》急行の「超快速」だ。しかし、超快速も2023(令和5)年3月のダイヤ改正で廃止されてしまった。

超快速はどのように誕生し、そして廃止されてしまったのか。改めて振り返っていきたい。

北越急行は新潟県六日町《むいかまち》―犀潟《さいがた》間の59・5キロメートルを結ぶ第三セクター鉄道である。多くの列車は犀潟駅からJR信越本線の直江津駅まで乗り入れる。

北越急行は首都圏と北陸を結ぶフィーダー（支線の役割を持つ路線）として、1997（平成9）年3月に開業した。

開業に合わせてデビューしたのが特急「はくたか」だ。「はくたか」は上越新幹線の越後湯沢駅と金沢駅を結び、北越急行線内は最高時速160キロで運行した。北越急行の開業、そして「はくたか」の運行開始により、首都圏―北陸間の所要時間が大きく短縮され、「はくたか」で北越急行は大いに稼いだ。

転機となったのは、2015（平成27）年3月のこと。この年に北陸新幹線の金沢駅延伸が実現すると同時に、特急「はくたか」は廃止されることになった。北越急行は首都圏と北陸を結ぶフィーダーから、一ローカル線になったわけである。

「はくたか」の代替列車として登場したのが「超快速スノーラビット」だった。超快速の途中停車駅は十日町《とおかまち》駅のみ。最高時速は時速160キロから時速110キロに落ちたが、韋駄天《いだてん》ぶりは変わらなかった。一方、列車本数は少なく、多いときでも越後湯沢―直江津間は1・5往復だった。

そして、2022（令和4）年3月ダイヤ改正で直江津方面行き1本まで減り、2023（令和5）年3月ダイヤ改正では、超快速そのものが廃止されてしまう。

廃止の背景にあったのは経費削減だ。北越急行は北陸新幹線開業後の経営ビジョンを描《えが》いていた。

具体的には、特急「はくたか」廃止にともない、変電所や信号の削減、組織体系のスリム化などを行ない、維持管理費や人件費のカットにも努めていた。

そこに、追い打ちをかけるようにコロナ禍が襲う。乗客減や燃料費の高騰による固定費の増加により、北越急行はさらなる経営のスリム化が求められることとなった。

2023年3月ダイヤ改正では、超快速の廃止にともない、全列車を普通列車に転換。そして、最高時速も時速110キロから時速95キロに落とした。最高時速を落とすと、車両への負荷が減り、おのずと長持ちする。徹底的にスリム化を図り、ローカル輸送に徹するという北越急行の今後を見守りたいところだ。

ところで、「超快速」は2024（令和6）年8月に、1日限定のツアー形式で復活した。今後も

ほくほく線内を最高時速110kmで走行した「超快速スノーラビット」

イベント時には、超快速という珍種別が見られるかもしれない。

「新特急」が生まれ、消えていった事情とは

かつて「新特急」を冠する列車名を持つ特急列車が存在した。新特急は正式には種別ではなく、あくまでも列車名であったが、種別っぽい名称であることから、ここでとり上げたい。

新特急の登場は、1985（昭和60）年の東北・上越新幹線上野開業時だ。東北・上越新幹線は1982（昭和57）年に開業したが、そのときは大宮駅までの暫定《ざんてい》開業。未開業の上野―大宮間は特急型電車185系を利用した「新幹線リレー号」が運行されていた。

一方、この時期は東北本線、高崎線の近郊区間に急行列車が存在していた。急行「なすの」（上野―宇都宮・黒磯《くろいそ》）、急行「ゆけむり」（上野―水上《みなかみ》）、急行「あかぎ」（上野―前橋）などである。

これらの列車には急行型車両の165系が使われていたが、すでに老朽化が問題となっていた。しかし、国鉄は新型車両185系を上野―大宮間の「新幹線リレー号」に投入することを決め、急行は残存することになったのだ。

上野開業で「新幹線リレー号」は廃止され、185系は余剰《よじょう》車両となった。特急格上げの環境は整ったのである。しかし、杓子《しゃくし》定規的に自由席主体の急行から指定席主体の特急にすると、後述する長所が失われてしまう。そこで、急行時代の長所を残しつつ、格上げするというかたちで「新特

急」が登場した。

　新特急は、当時の特急とは異なる点がいくつか存在した。まず、自由席主体であり、定期券を持っていれば特急料金を支払うだけで乗車することができた。

　また、新特急独自の特急料金が設定され、営業キロ50キロメートルまでの自由席特急料金は、急行料金と同じ５００円となった。参考までに記すと、50キロ以内は上野―久喜《くき》間（東北本線）、上野―鴻巣《こうのす》間（高崎線）が該当する。

　なお、車内設備は当時の特急列車の標準設備であるリクライニングシートではなく、転換クロスシートだった。車内設備やスピード面など総合的に考えると、「新特急」という種別設定が絶妙な塩《あん》梅《ばい》だった、というわけだ。

　こうして、「新特急なすの」「新特急谷川」「新特急あかぎ」といった新特急列車が誕生したが、列

通勤客からの人気が高かった「新特急あかぎ」

車によって明暗がはっきりと分かれた。

東北本線の「新特急なすの」は上野—宇都宮間の快速「ラビット」との差別化がうまく図れず、低迷が続いた。一方、「新特急あかぎ」は群馬県から都心へ直通すること、そしてラッシュ時間帯に割安で利用できることから、上野駅では立ち客が出るほどの人気列車になった。その後、「新特急ウイークエンドあかぎ」「新特急さわやかあかぎ」も登場する。

2002(平成14)年12月、JR東日本はひんぱんに運行される特急に付けられた「エル特急」、そして「新特急」を廃止し、列車名を整理した。新特急廃止の背景として、大多数の在来線特急が定期券で乗車できるようになり、新特急と特急のあいだに差異がなくなったことが挙げられる。

「快速準急」「湘南急行」…小田急は珍種別の宝庫だった

現在の小田急電鉄の種別は特急、快速急行、通勤急行、急行、準急、通勤準急、各停がある。複雑といえば複雑だが、それほどオリジナリティーがあるわけでもない。しかし、小田急における種別の歴史を見ていくと、ユニークな種別に満ちあふれていたことがわかる。

ひとつめは1955(昭和30)年に登場した「特別準急」である。この年、小田急線と国鉄御殿《ごてん》場《ば》線をつなぐ松田短絡線が開通した。つまり、新宿駅から国鉄御殿場線を経由し、御殿場駅へ至る観光ルートが日の目を見たわけだ。

そこで登場したのが特別準急「銀嶺《ぎんれい》」「芙蓉《ふよう》」であり、現行の特急「ふじさん」の前身にあたる。当時、国鉄御殿場線は非電化であったため、小田急は専用のディーゼル車両を用意した。座席はボックスシートとなり、通勤電車のロングシートとは大きく異なった。

また、小田急線内では種別は「特急」とはならず、準急と区別するために「特別準急」となった。これは、国鉄線内は準急列車として運行されたことによるもので、苦肉の策といえる。

1968（昭和43）年、国鉄御殿場線は電化され、車両はディーゼルカーから電車に変わる。電化を機に列車名は「あさぎり」に統一され、国鉄線内は「急行」、小田急線内は「連絡急行」として運行されるようになった。

「あさぎり」が「特急」になったのは1991（平成3）年のことだ。2018（平成30）年に列車名が「あさぎり」から「ふじさん」に変わり、今日に至る。

ふたつめは1964（昭和39）年から1972（昭和47）年にかけて存在した「快速準急」である。快速準急は急行と準急の中間という位置づけで、当時の急行停車駅に加え、経堂《きょうどう》、成城学園前、登《のぼり》戸《と》に停車した。整理すると、新宿―登戸間の快速準急の途中停車駅は下北沢、経堂、成城学園前。のちに、休日限定で読売ランド前と鶴川にも停車した。

快速準急の登場により、昼間時間帯の準急の運行はなくなった。しかし、1972年に種別を集約化することになり、快速準急は廃止となった。以降、長年にわたり、小田急の基本的な優等種別は特急、急行、準急の3本体制であった。

最後は、２００２（平成14）年３月に登場した「湘南急行」「多摩急行」である。「湘南急行」は片瀬江ノ島・藤沢―新宿間で運行され、急行停車駅のうち南林間《みなみりんかん》、長後《ちょうご》、本鵠沼《ほんくげぬま》、鵠沼海岸を通過駅とした。

これにより、急行と比較して藤沢―新宿間の所要時間が短縮された。湘南急行が新設された背景として、２００１（平成13）年に開業したＪＲ湘南新宿ラインの存在が挙げられる。

多摩急行は、唐木田《からきだ》駅と東京メトロ千代田線（大手町）方面を結んだ。停車駅は急行と比較すると、向ヶ丘遊園《むこうがおかゆうえん》を通過する代わりに、栗平《くりひら》と経堂に停車した。

しかし、複々線区間の延長・全面使用を背景とした快速急行の新設・増発にともない、湘南急行は２００４（平成16）年12月に、多摩急行は２０１８年３月に廃止され、いずれも短命に終わった。

小田急電鉄「多摩急行」の種別・行先表示板

現在、特別料金不要の優等種別のトップは快速急行である。
このように、小田急ではその歴史のなかでさまざまな珍しい種別が登場したが、どれもなかなか長続きはしなかった。今後も、特殊な種別は登場するのだろうか。

ロングランゆえに種別も複雑化した近鉄大阪線

近鉄大阪線は大阪上本町《うえほんまち》駅を起点とし、伊勢中川まで至る全長108・9キロメートルのロングラン路線だ。ロングラン路線ということで、大阪線も遠近分離を採用しているが、利用する際には少し注意が必要になる。

同線の奈良県と三重県の県境付近は特急を除き、どの種別も各駅に停車する。しかし、県境エリアを越えるとふたたび急行運転に戻るのだ。さらに、県境付近、ようするに大阪線のローカル部における停車駅、種別の変遷も複雑なものがある。

現在、大阪上本町と伊勢中川を結ぶ特急以外の種別には、快速急行と急行がある。大和八木《やまとやぎ》―伊勢中川間の途中停車駅は、快速急行は桜井、榛原《はいばら》、室生口大野《むろうぐちおおの》、赤目口《あかめぐち》―青山町間の各駅、榊原《さかきばら》温泉口である。榛原―青山町間で唯一の通過駅は三本松《さんぼんまつ》だ。三本松は県境近くにある山間の駅で乗降客数は少ない。

一方、急行は桜井―榊原温泉口間は各駅に停車し、急行運転は大和八木―桜井間と榊原温泉口―

伊勢中川間となる。

２０１２（平成24）年3月のダイヤ改正時までは、このほかに「区間快速急行」が運行されており、快速急行の停車駅は現在とは大きく異なっていた。当時の快速急行の停車駅は桜井、榛原、名《な》張《ばり》—榊原温泉口間の各駅。現行の停車駅と比較すると、室生口大野駅と赤目口駅は通過し、現在は通過駅の伊賀上津《いがこうづ》駅、西青山駅、東青山駅には停車していた。一方、区間快速急行は快速急行の停車駅をベースにしつつ、室生口大野駅と赤目口駅にも停車していた。

そもそも、快速急行は急行、区間快速急行は区間急行を起源とする種別であった。もともと、特急に次ぐ種別は急行であり、大阪線ローカル部でも通過駅が存在した。

しかし、１９７０年代に大阪線ローカル部の合理化により、急行が各駅に停まるようになった。その結果、従来の急行と区間急行を引き継ぐかたちで快速急行、区間快速急行が生まれたというわけだ。

快速急行と区間快速急行のあいだには、それなりに停車駅数の違いがあったが、年が経つにつれ、停車駅増により快速急行と区間快速急行の差は小さくなっていた。そして、２０１２年3月のダイヤ改正時に快速急行に統合されるようなかたちで、日本唯一の区間快速急行は消滅した。

区間快速急行が消滅したことで、伊賀上津駅、西青山駅、東青山駅は通過駅となった。３駅ともに乗降客数は極端に少ない。近鉄としては区間快速急行の廃止を機に、種別のみならず停車駅も整理し、実情に合ったかたちにようやく落ちついた、といったところなのだろう。

国鉄時代に全国で活躍した「循環急行」とは

かつて、国鉄には「循環急行」と呼ばれる列車が存在した。「循環急行」というのは通称で、正式には急行列車なのだが、始発駅を出てぐるっと一周したあとに、ふたたび始発駅に戻る急行を便宜《べんぎ》的にこう呼んでいたのである。

とはいえ、国鉄時代の駅構内放送をYouTubeで聞くと、駅員が「循環急行いぶり」と放送しており、利用者のあいだでもある程度、「循環急行」という名称が根付いていたのではと推察される。

まずは、例に出した循環急行「いぶり」から見ていこう。循環急行「いぶり」は１９６２（昭和37）年、北海道に当初は準急列車として登場した。

始発着駅は札幌駅で、函館本線・胆振《いぶり》線・室蘭本線・千歳線（内回り、外回り）経由で支笏洞爺《しこつとうや》国立公園の周りを走った。このうち、胆振線は１９８６（昭和61）年11月に廃止されたローカル線で、函館本線の倶知安《くっちゃん》駅と室蘭本線の伊達紋別《だてもんべつ》駅を結んだ。

登場当時は内回りの土休日限定の列車だったが、のちに毎日運転となり、１９６６（昭和41）年に急行に格上げされる。途中区間で他の急行列車と併結《へいけつ》する、胆振線内ではキハ22形１両編成になるなど、何かと話題が多い種別だった。しかし、他の急行と同じくバスとの勝負に負け、１９８０（昭和55）年に廃止されたのである。

「いぶり」と同様に、定期循環急行は国鉄時代に全国各地で登場したが、国鉄民営化前に廃止されてしまった。

「このまま循環急行は過去帳入りするのか」と思いきや、2024（令和6）年5月、JR東日本が同年9月下旬に循環臨時快速「五葉《ごよう》」「そとやま」を運転すると発表した。「五葉」も「そとやま」も、国鉄時代は定期循環急行として使用されていた際の名称である。

急行「いぶり」の運行ルート

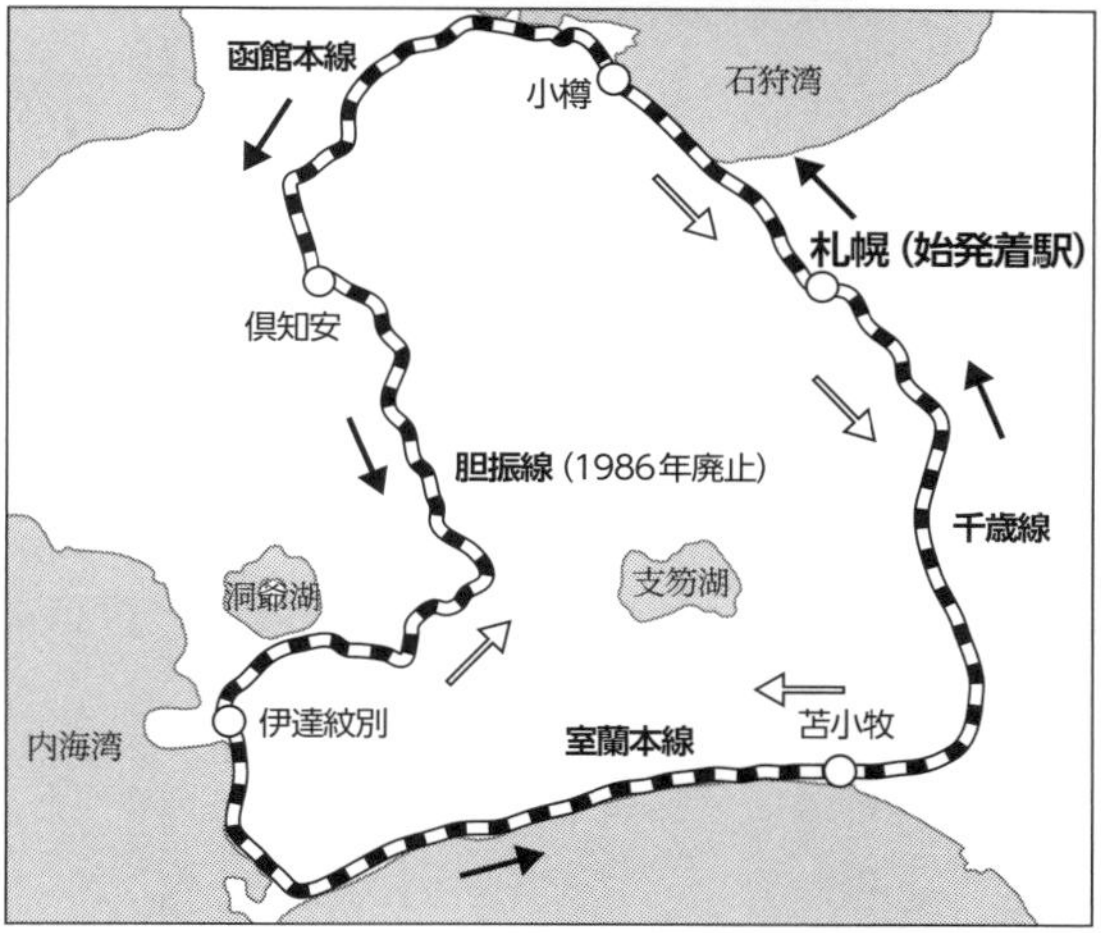

運行区間は両列車とも盛岡駅を始発着駅とし、「五葉」は花巻、釜石、宮古の順に周り、「そとやま」はその逆ルートとなる。乗り入れる路線は東北本線、釜石線、三陸鉄道リアス線、山田線。循環もさることながら、全国屈指のローカル線である山田線や第三セクターの三陸鉄道リアス線に乗り入れることも大きな魅力だった。

しかし、8月下旬に発生した集中豪雨により、山田線は甚大《じんだい》な被害を受け、循環臨時快速「五葉」「そとやま」の運行は盛岡—宮古間（釜石線経由）となってしまった。何とか山田線が復活し、復活の証《あかし》としてふたたび運行してほしいものだ。

料金以外にも違いがあった「寝台特急」と「寝台急行」

現在、定期運行している寝台列車は、東京駅と出雲市駅、高松駅を結ぶ寝台特急「サンライズ出雲・瀬戸」のみである。

かつては、寝台特急のほかに「寝台急行」という種別も存在した。寝台特急の乗車には特急券、寝台急行には急行券が必要ということで、料金面でいえば、寝台急行は寝台特急よりも割安だった。

では、料金面以外に寝台特急と寝台急行のあいだに、どんな違いがあったのだろうか。

ここでは、1987（昭和62）年5月時刻表をもとに、ともに大阪駅と新潟駅を結んでいた寝台特急「つるぎ」と寝台急行「きたぐに」を比較してみたい。当時の「つるぎ」は湖西《こせい》線経由、「きたぐに」は東海道本線経由だった。

所要時間を見てみると、「つるぎ」は大阪駅を22時0分に発車し、新潟駅には翌朝6時46分に着いた。所要時間は8時間46分である。一方、「きたぐに」は大阪駅を23時20分に発車し、新潟駅に翌朝8時28分に着いた。こちらの所要時間は9時間8分である。所要時間で比較すると「つるぎ」のほうが速いが、その差は22分しかない。

もっとわかりやすいのは停車駅である。「つるぎ」は京都駅を出発すると、明朝4時4分の糸魚川《いといがわ》

寝台特急「つるぎ」。牽引する電気機関車はEF81形

寝台急行「きたぐに」のB寝台(上段)

駅到着まで通過扱いだった。一方、「きたぐに」は深夜時間帯であっても、長浜、敦賀《つるが》、武生《たけふ》、福井の順に停車した。この深夜時間帯の扱いが、寝台特急と寝台急行の最大の違いといってもよい。

それでは、使用車両はどうだったか。「つるぎ」は他の寝台特急でも使用された24系25形車両を用いていた。全車両B寝台・2段寝台である。「きたぐに」は寝台電車の583系で、B寝台のほかにA寝台とグリーン車を連結していた。B寝台は3段寝台だが、583系の特性上、一部の寝台は客車よりもベッド幅が広かった。

当時の寝台急行は客車による運行が主流で、多くがB寝台・3段寝台と座席車による構成だった。寝台電車でA寝台も有する「きたぐに」は例外といっていいだろう。また、寝台急行には座席車を連結することが一般的だったから、グリーン車を連結していた「きたぐに」は、その原則に従っているといえる。なお、定期の寝台特急は全車寝台車であり、もっとも安価なB寝台でも2段寝台を基本としていた。

寝台特急「つるぎ」は1994（平成6）年、寝台急行「きたぐに」は2012（平成24）年に定期運行が終了した。現在は定期の寝台急行はなく、完全に過去帳入りした格好だ。

今では考えられない?「普通寝台夜行列車」の旅

この項でとり上げる「普通寝台夜行列車」とは、座席車で占《し》められる快速夜行「ムーンライト」

ではない。純粋に「普通列車」である。

夜行列車自体、なじみの薄い世の中になったが、「夜行列車」と聞けば多くの人が「寝台特急」を思い浮かべることだろう。前項でも述べたとおり、「サンライズ瀬戸・出雲」も寝台特急であり、正式な種別は「特急」である。

もちろん、国鉄時代も夜行列車の主流は「寝台特急」「寝台急行」であった。当然ながら、乗車には普通乗車券、寝台券のほかに特急券、急行券が必要だ。しかし、「普通寝台夜行列車」は普通列車でありながら寝台車が連結されており、寝台券のほかは普通乗車券のみで乗車できた。

国鉄最末期まで運行された普通寝台夜行列車は「はやたま」（天王寺—名古屋）、「山陰」（京都—出雲市）、「ながさき」（門司港《もじこう》—長崎・佐世保）だった。いずれも客車で運行され、快速区間がある列車もあったが、基本的には各駅に停車した。

寝台車は1〜2両だけ付き、横幅52センチメートルのB寝台3段式であった。3段ということもあり、一度ベッドに入ると身動きがとれなかったという。また、各駅に停車するたびに揺れが発生するから、なかなか熟睡することは難しかったのではないだろうか。

そんな貴重な普通寝台夜行列車も、おそらくは寝台車の利用率が悪かったのだろう。3列車とも１９８５（昭和60）年までに廃止となった。

廃止となったのも無理のない話で、「山陰」を例にとると、１９８０（昭和55）年当時の京都—出雲市間の普通運賃は４２００円だが、客車B寝台3段式の寝台料金は３５００円も要した。寝台券の価格は種別で変わらないから、運賃、寝台料金、そして寝心地《ねごこち》を左右するベッド幅を考慮すると、気軽に利用しづらい感じだったのではないだろうか。

ちなみに、不定期的に山陰本線を走ることもある、JR西日本の夜行列車「WEST EXPRESS 銀河」の種別も「特急」である。

6章

西日本の鉄道、驚きの種別事情

関東は「通勤○○」、関西は「区間○○」を頑なに守るJR

関東は「通勤快速」や「通勤急行」のように「通勤○○」、関西は「区間急行」や「区間準急」のように「区間○○」が多い。

しかし、東武鉄道には区間急行、阪急電鉄には通勤特急・通勤急行がある。そのため、私鉄だけを見れば、もはやこの図式は崩れたといえる。

しかし、JRは事情が異なる。JR東日本の首都圏エリアでは、埼京線に通勤快速、中央線に通勤特快と通勤快速はあるが、区間快速は存在しない。かといって、区間快速と名付けられるような快速がないわけではなく、たとえば中央線快速なら、平日に中野―高尾間の各駅に停車する列車が、「区間快速」と名付けられてもおかしな話ではない。

一方、関西は阪和《はんわ》線、福知山線、学研都市線、大和路《やまとじ》線に区間快速の設定がある。いずれの区間快速も、主要駅から各駅に停車する。

面白いのは、区間快速とは別に「快速」も存在し、快速もまた途中駅から各駅に停まることだ。上下関係でいえば、区間快速は快速よりも下位に位置する。「直通快速」など、ラッシュ時にしか運行されないオリジナルの快速もあるが、「通勤快速」という名の快速は皆無《かいむ》だ。

ここでは、区間快速が首都圏に存在しない理由、そして関西に存在する理由を考察してみたい。

首都圏にあるほとんどの快速は、設定当初から各停区間が存在した。たとえば、1985（昭和60）年開業の埼京線では、大宮─川越間が各停区間だった。京浜東北線の快速はJR化後に設定されたが、快速が走るのは山手線と重複する区間のみだ。

このように、各停区間が存在する快速がすでにあるなかで、関東ではなじみのない「区間快速」を設定すると、かえって利用者が混乱するであろうことは容易に想像がつく。

一方、関西は、とくに国鉄時代において設定された快速は当初から各停区間がなく、全線にわたって快速運転というケースが多かった。東海道・山陽本線の快速は各停区間があるが、各停区間では種別は「普通」になる。

たとえば、関西本線の快速は1961（昭和36）年に登場した。当初の停車駅は湊町《みなとまち》（現・JR難

JR西日本では東日本にない「区間快速」が走る

波）、天王寺、王寺、郡山《こおりやま》、奈良であり、現在のような各停区間はなかった。阪和線の快速も国鉄時代に各停区間はなく、各停区間がある快速は「区間快速」として運行されていた。その後、各線に区間快速が設定され、現在に至っているわけである。

このように「快速」ひとつとり上げても、関東と関西で違いが存在するのだ。

近鉄ファンは即答できる？「甲特急」「乙特急」の違いとは

表にはあまり出てこないが、玄人《くろうと》にはわかるという「専門用語」がどの業界にもある。鉄道業界も御多分《ごたぶん》に漏れず、その典型例のひとつが近鉄にある。

近鉄の筆頭種別、いやシンボルともいえるのが特急だ。近鉄の特急は大阪―名古屋間を結ぶ８００００系「ひのとり」をはじめ、リクライニングシート車が使われる。少なくとも関西では「近鉄特急」は固有名詞として通じる単語であり、車内放送でも「近鉄特急をご利用いただきありがとうございました」というアナウンスが流れる。「阪急特急」や「阪神特急」という単語はあまり耳にしないから、やはり「近鉄特急」は特別なように感じる。

その近鉄特急には、ふたつのタイプの列車「甲《こう》特急」「乙《おつ》特急」がある。ともに時刻表には明記されておらず、駅での案内放送や車内放送でも耳にしない単語だ。しかし、近鉄社員はもちろんのこと、近鉄ファンのあいだではおなじみとなっている魔訶《まか》不思議な専門用語なのである。

甲特急、乙特急を簡単に説明すると、甲特急は停車駅が少ないタイプ、乙特急は停車駅が多いタイプとなる。もっともわかりやすいのは大阪—名古屋間を結ぶ名阪特急だ。甲特急の基本停車駅は大阪難波、大阪上本町《うえほんまち》、鶴橋、津、近鉄名古屋。ただし、一部列車は大和八木に、最終の近鉄名古屋行きは白子《しろこ》、近鉄四日市、桑名にも停車する。

乙特急は甲特急の停車駅に加え、大和八木、名張《なばり》、白子、近鉄四日市、桑名に停車する。また、一部列車は桔梗《ききょう》が丘《おか》、伊賀神戸《いがかんべ》にも停車する。

甲特急は80000系「ひのとり」、乙特急は21000系、21020系「アーバンライナー」シリーズが用いられる。特急という同じ種別ではあるが、明確に使用車両が異なるため、近鉄に乗り慣れていない人でも誤乗《ごじょう》の恐れは少ないだろう。

名阪特急のダイヤはじつにシンプル。大阪難波駅毎時0分発が甲特急、毎時30分発が乙特急だ。「甲乙」という文字だけ見れば、大きな格差があるようにも感じてしまうが、少なくとも名阪特急では、どちらも大切な存在である。甲特急は名阪間の直通、乙特急は大阪や名古屋と三重県の主要都市を結ぶのが主な役割となる。

甲特急と乙特急のうち、歴史が浅いのは乙特急のほうだ。登場は1960（昭和35）年。当初の種別は「準特急」だったが、すぐに「特急」に変わった。もし、変わっていなければ「特急」「準特急」の2本立て体制が続いたということであり、「準特急」もまた、近鉄特急の代名詞になっていたかもしれない。

「大和路快速」「みやこ路快速」…名称つき快速の元祖は？

ＪＲ西日本京阪神エリアには、名称付きの快速が設定されている。ざっと明記すると、「大和路快速」（大阪―奈良・加茂《かも》）、「丹波路《たんばじ》快速」（大阪―篠山口《ささやまぐち》）、「みやこ路快速」（京都―奈良）、「紀州路快速」（大阪―和歌山）、「関空快速」（大阪―関西空港）といった具合である。

いずれも、一見して「どこへ向かうか」が容易に想像つく。その点は、ＪＲ東日本の快速「アーバン」や「ラビット」とは異なるといえるだろう。

京阪神エリアの愛称付き快速の元祖は「大和路快速」で、登場は１９８９（平成元）年３月のダイヤ改正だ。天王寺駅を起点とし、大阪環状線を一周したのちに大和路線へ乗り入れ、奈良駅・加茂駅へ至る。

大阪環状線―奈良間の快速自体は国鉄時代の１９７０年代に登場しており、使用車両は白色と赤色の「春日《かすが》塗り」が施《ほどこ》された１１３系だった。当時、大阪―奈良間は近鉄奈良線の独占状態だったが、大阪環状線直通快速の登場により、国鉄は近鉄に一矢報《むく》いたという歴史がある。

そして、１９８９年に大阪環状線―奈良・加茂間の快速が「大和路快速」と命名され、新鋭の２２１系が投入された。「大和路快速」の２２１系化は迅速に進み、翌年の１９９０（平成２）年に「大和路快速」の最高時速は１２０キロメートルに引き上げられた。

愛称が付けられた背景や利点は、いくつかが考えられる。ひとつめは「大阪から奈良へ行く快速」であることを明確にすること。大阪環状線は文字どおり「環状線」だが、「大和路快速」に乗ると奈良方面へ行ってしまうから、遠方からの利用者の誤乗対策には効果的だ。

ふたつめは、民営化直後ということもあり、快速の「ブランド化」を目指したということ。事実、大和路快速は新快速と同様に固有名詞化しており、大阪市内や奈良市内では「(奈良または大阪に)大和路快速で行く」という会話が日常的に聞かれる。

3つめは、区間快速との違いを明確化することだ。1989年3月のダイヤ改正では大阪環状線内の各駅に停車する「区間快速」が新設された。大和路快速は大阪環状線内に通過駅があるため、区間快速と運行時間帯は異なるとはいえ、明確な区別が必要になる。

そう考えたとき、単に「快速」「区間快速」とするよりも「大和路快速」「区間快速」としたほうが利用者にははるかにわかりやすい。

大和路快速の成功により、JR西日本は次々と「○○路快速」シリーズを登場させた。しかも、使用車両は221系や223系といった片側3扉の転換クロスシート車である。

鉄道ファンでなくても、「○○路快速＝転換クロスシート＝速くて、ロングシートの私鉄車両よりも快適」という図式を利用客に植え付けたJR西日本のネーミングセンスには、改めて感服せずにはいられない。

「新快速」は、じつは「特別快速」と呼ばれるはずだった？

現在のところ、ＪＲ東日本は「特別快速（中央特快・青梅特快）」、ＪＲ西日本は「新快速」が一種の〝看板列車〟となっている。この構図は国鉄時代から変わっていない。ただし、登場時期は同じタイミングではなく、特別快速が先輩（１９６７〈昭和42〉年運行開始）、新快速が後輩（１９７０〈昭和45〉年運行開始）となる。

じつは、この新快速もまた「特別快速」と命名される可能性があったという。

京阪神間を結ぶ高速列車として新快速が登場したのは、１９７０年10月のことだ。『関西新快速物語』（ＪＴＢパブリッシング）の著者のひとりである寺本光照《てらもとみつてる》氏によると、１９７０年開催の大阪万博終了後に、「10月１日から新快速登場」と書かれたポスターを車内や駅で見かけたという。

ところが当時の時刻表を見ると、「新快速」ではなく、特別快速の略称「特快」と表記されているのだ。つまり、新快速の運行に携《たずさ》わった国鉄大阪鉄道管理局は、運行開始直前の土壇場《どたんば》で「特別快速」から「新快速」に名称を変更したということになる。ただし、なぜ変更したのか、その理由は定かではない。

寺本氏は新快速の登場当時、すでに中央線に特別快速が存在していたため、「新快速」と命名することによって二番煎《せん》じを避けたかったとも指摘しているが、国鉄のライバルであった京阪電鉄や阪急電鉄が、すでに都市間をノンストップで結ぶ特急を走らせていたということも大きいだろう。特別快速の略称「特快」だと、「特急」との差別化がおぼつかない。その点、「新快速」は「特急」と漢字の重複もなく、新鮮味があるというわけだ。

いずれにせよ、「新快速」という固有名詞は、登場から50年以上が経った現在、京阪神間の人々のあいだでは確実に根付いている。

神戸新交通ポートライナーの快速が廃止された事情

東京のゆりかもめや都営の日暮里《にっぽり》・舎人《とねり》ライナー、大阪のニュートラムのような乗り物を「新交通システム」という。新交通システムは主要駅とニュータウンを結び、バスと一般鉄道の中間のような位置づけだ。そのため、新交通システムの種別は基本的に普通列車のみである。

しかし、ほんの一時期ではあるが、国内初の新交通システムにおいて優等列車が設定されたことがある。それが、神戸市の三宮から人工島のポートアイランドを経て神戸空港に至る「ポートライナー」だ。

ポートライナーも御多分に漏れず、長年にわたり普通列車しか運行してこなかった。優等列車である快速が登場したのは2006（平成18）年のこと。この年に神戸空港が開港し、市民広場—神戸空港間が開業した。

つまり、ポートライナーは三宮とポートアイランドを結ぶことに加え、空港アクセス鉄道という新たな役割を担《にな》ったわけだ。そして、空港への速達性を確保するために、快速が設定されたと考えていいだろう。

ただし、通過駅は貿易センター駅とポートターミナル駅のみ。所要時間の短縮効果もわずかであった。本来なら、通過駅を増やして、速達性を確保すべきなのだろう。しかし、追い越し設備を有する駅がなく、優等列車を設定するにはもともと不利な環境であった。

そして、2016（平成28）年3月のダイヤ改正で、快速はひっそりと廃止された。

新交通システムにおける優等列車の先輩格にあたる広島のアストラムラインの急行もすでに廃止されており、新交通システムの優等列車はこうして全廃されたのである。

神戸空港アクセスも担うポートライナー

快速が少ないJR四国の特急ネットワーク戦略とは

「JR四国には快速が少ない」――これは鉄道ファンのあいだでも、意外と知られていない事実ではないだろうか。

たしかに、快速「マリンライナー」や快速「サンポート」が走っているため、高松駅の近郊では快速の存在感がある。しかし、高松駅以外ではさっぱりだ。高松―琴平《ことひら》間、高松―松山間などに快速「サンポート」「サンポート南風リレー号」の設定はあるが、快速区間は高松―坂出《さかいで》間21・3キロメートルに限られる。

反対に、JR四国で幅を利《き》かせているのは特急である。特急「しおかぜ」「南風」「うずしお」など、四国の諸都市を結ぶ特急ネットワークが構築されており、瀬戸大橋を渡って岡山駅へ乗り入れる列車も少なくない。

しかし、特急列車に乗車するには特急料金が必要だ。ということは、少しでも目的地に速く着きたいなら、高い特急料金を払って特急に乗るという選択肢しかないということなのだろうか。

じつは、JR四国では特急料金が割安に設定されている。JR四国内25キロまでの自由席特急券は450円。JR北海道を除く50キロまでの自由席特急券（A特急料金）は760円だから、4割ほど安い。

また、特急が割安で乗車できる割引きっぷも積極的に販売している。さらには、土休日向けの高松―徳島間特急自由席の割引きっぷ「週末自由席早トクきっぷ」も販売し、特急利用の促進に努めている。

このきっぷを使うと、高松―徳島間の特急列車自由席往復は4000円。通常運賃は特急券込みで5680円なので、相当お得なきっぷといえる。

そして、JR西日本のネット予約サイト「e5489」を通じたチケットレスの割引きっぷにも力を入れている。

岡山駅と高知駅を結ぶ特急「南風」などで利用可能な「トク特南風チケットレス」を2024年10月1日~2025年3月31日にかけて販売。これは乗車駅、降車駅間の営業キロ50キロ以内限定のきっぷとなり、普通車指定席特急券が300円（25キロ以内）・500円（50キロ以内）となる。普通に買うと1290円（通常期）なので、〝価格破壊〟と表現し

JR四国の主力特急「しおかぜ」

ても過言ではないだろう。

そして、停車駅も沿線住民を強く意識している。たとえば、岡山発松山行き特急「しおかぜ17号」の観音寺《かんおんじ》駅以遠の停車駅は川之江《かわのえ》、伊予三島、新居浜《にいはま》、伊予西条、壬生川《にゅうがわ》、今治《いまばり》、伊予北条の順に停まる。

だいたい10～20分ごとに停まり、まさしく快速のようだ。実際に、岡山駅から特急「しおかぜ」に乗ると、ＪＲ西日本内とＪＲ四国内で客層がガラリと変わる。ＪＲ四国内では通学や日常の買い物の足として利用している乗客の姿も珍しくない。

四国には人口が50万を超える都市がなく、需要供給の面から考えると列車本数は限られてくる。国鉄時代は長距離輸送は特急、中距離輸送は急行が担っていたが、高速バスやＬＣＣ（格安航空会社）の台頭により、四国では長距離輸送1本で勝負することは難しいといわざるを得ない。

そのため、現在のＪＲ四国の特急は、長距離輸送と中距離輸送の両方を担っていると考えられる。ＪＲにおいて、特急はリクライニングシート車が使われる花形種別ではあるが、性格は会社、列車により大きく異なるのだ。

見た目より複雑な鹿児島本線の快速停車パターン

ここまで主に列車に注目しながら種別事情を述べてきたが、ここでは駅から見た種別事情を見ていきたい。

昔も今も九州の大動脈といえるJR鹿児島本線には、特急を除くと快速、区間快速、普通の3種類の種別の列車が走る。一見、シンプルだが、快速、区間快速ともに複数の停車駅パターンを持つ。そのなかで、停車本数は少ないものの、「一応」快速停車駅なのがスペースワールドと笹原《ささばる》だ。

まずは、両駅に停車する快速の本数を見ていこう。スペースワールド駅は土休日のみ停車する。上り（小倉方面）は9時台～10時台にかけて2本、17時台～21時台にかけて5本の計7本。下り（博多方面）は16時台～20時台にかけて計5本となる。

スペースワールド駅は駅名から察せられるとおり、2018（平成30）年元旦に閉園したスペースワールドの最寄《もよ》り駅である。跡地には北九州市科学館「スペースLABO」やアウトレットが建ち、土休日になると家族連れでにぎわう。そのため、土休日に限り快速を停車している。

また、10時台には博多駅発の特急「ソニック」も停車する。北九州の小倉だけでなく、博多からの来場者も多いことがうかがえる。

一方、笹原駅は博多駅から下り方面へ2駅めにあたる。笹原にも快速は停車するが、スペースワールドよりも停車本数は少なく、上りが朝ラッシュ時の2本、下りが早朝の1本のみだ。なお、上りは博多駅まで各駅停車、下りは南福岡駅まで各駅停車であり、ようするに区間快速的な快速といえる。笹原駅は各駅停車区間に含まれるという感じだ。

もともと、笹原駅は国鉄民営化直前の1987（昭和62）年3月に、臨時乗降場として開業した。

民営化当日の4月1日に正式な駅として開業し、現在では福岡市近郊の駅のなかでも成長株のひとつとなっている。

2024(令和6)年4月8日から、混雑緩和を目的として、夕ラッシュ時の下り区間快速1本が笹原駅に臨時停車するようになり、そのまま定着した。このような流れで、ひょっとすると、笹原停車の快速の本数も増えるかもしれない。

鹿児島本線では快速系統の停車駅パターンやダイヤがひんぱんに変わったり、準快速が短命に終わったりするなど、種別の整理がなかなか落ちつかないように見受けられる。いっそのこと、白紙ダイヤ改正をしたうえで、わかりやすい種別体系に移行することも、ひとつの選択肢ではないだろうか。

阪急「快速特急A」が十三駅を〝通過〟していた理由

阪急京都線は意外と種別が多い。2024(令和6)年11月現在、快速特急、特急、通勤特急、準特急、急行、準急、普通の計7種類だ。しかも、種別の移り変わりが激しい。

そのなかで、とりわけユニークだったのが、2022(令和4)年12月ダイヤ改正で消滅した「快速特急A」である。

快速特急Aは快速特急の停車駅を基本としつつも、京都線、宝塚線、神戸線が乗り入れる十三《じゅうそう》駅を「通過」していた。停車はするものの、扉は開かなかったのである。かつて夜行列車でよく見られた、時間調整のために行なわれる「運転停車」だ。

そもそもなぜ、阪急は「快速特急Ａ」なる種別を設定したのだろうか。

まずは、阪急における快速特急の位置づけから確認してみたい。快速特急は京都へ向かう観光客のために設定された種別であり、淡路―桂《かつら》間はノンストップとなる。また、車両は京都の雰囲気を漂わせる特別車両を用いるが、乗車時に特別料金は必要ない。

２０１１（平成23）年に運行を開始したときの使用車両は、京都線特急型車両６３００系を改造した観光車両「京とれいん」だった。ところが、十三駅でこの車両が大きな問題を抱えることになった。

「京とれいん」限定の列車種別だった快速特急A

問題となったのは、後年に設置されたホームドアだ。6300系は他の車両よりもわずかに1両の全長が長く、しかも扉は両端にある。そのため、どうしてもホームドアと扉の位置がずれてしまうのだ。そこで、2019（平成31）年1月に「京とれいん」で運行される快速特急は「快速特急A」と種別が変更され、十三駅は前述のとおり「通過扱い」となった。

2019（平成31）年3月には、7000系を改造した観光車両「京とれいん雅洛《がらく》」が運用を開始。こちらは十三駅のホームドアと扉の位置が合ったため、十三駅停車の「快速特急」となった。「快速特急A」と「快速特急」との共存時代はその後しばらく続いた。しかし、2022年12月ダイヤ改正により、「京とれいん」が引退することに。それとともに「快速特急A」という種別も消滅した、というわけである。

ホームドアを理由として種別変更を余儀《よぎ》なくされたという事例は、全国的にも大変珍しい。つまり、昭和生まれの特別仕様の車両が令和についていけなくなった、というわけだ。

南海が運行する謎の種別「白線急行」とは

南海電鉄には、他の鉄道会社にはない珍しい種別がある。それが「白線急行」だ。何とも不思議な名称だが、論より証拠、まずは南海線の停車駅案内を見てみよう。

すると、急行という文字の両端からそれぞれ短い線が伸びている列車が存在することに気づくはずだ。「–急行–（泉佐野）」といった具合である。印刷物で見ると黒線だが、車両にある種別表示器を見るとオレンジ色を基色に「急行」と明記され、それぞれの漢字の横から白線が伸びている。これが「白線急行」と呼ばれる所以《ゆえん》だ。ただし、駅構内の放送では「急行」と案内されており、白線急行はあくまでも通称である。

白線急行の停車駅は急行停車駅に春木駅が加わっただけだ。ようするに白線急行は空港急行と同じ停車駅だが、空港線には乗り入れない。運行本数も難波発24時8分発の泉佐野《いずみさの》行き1本のみ。この白線急行が南海線難波駅発の最終列車となる。

気になるのは、なぜ「白線急行」という種別が存在するのかということだろう。難波駅平日23時台の時刻表を見ると、急行系種別は23時2分発が空港急行となり、それ以降の列車は区間急行となる。区間急行は泉佐野駅まで白線急行・空港急行と停車駅が同じで、泉佐野駅以遠は各駅に停車する。

南海電鉄としては、春木駅停車・泉佐野止まりの急行系種別を設定したいが、春木駅を通過する「急行」は名称として使えない。関西空港駅に乗り入れない列車だから「空港急行」と称するのも論外。「区間急行」は難波―泉佐野間に各停部分がないため設定しづらい……そのような事情から「白線急行」という各日1本のみの種別を運行していると想像できる。

そもそも、この白線急行は１９９４（平成６）年の関西空港開業前は主力級の種別だった。空港線開業前は春木駅停車の白線急行が難波―泉佐野・羽倉崎《はぐらざき》間で運行されており、日中時間帯でも見ることができた。

また、1993（平成5）年まで運行されていた多奈川《たながわ》線直通の急行「淡路号」も白線急行であった。ちなみに、昭和の時代は初代1000系のように種別方向幕を備えていない車両もあり、白線急行を運行する際は「急」と書かれた丸形ヘッドマークの縁《ふち》に赤い線が入っていた。

その後、白線急行は1994年に登場した難波―関西空港間を結ぶ空港急行に置き換わるかたちで一度は消滅する。現在運行されている白線急行は、2017（平成29）年に復活したものだ。

白線急行は停車駅が少々異なっても新たな種別を設定せず、アバウトに処理していた昭和の名残《なごり》ともいえる種別だ。さすがに、かつてのように日中時間帯に運行されることはないだろうが、昭和の南海電鉄を語る〝生き証人〟的な存在として、今後も活躍してほしいものだ。

格下の快速と同じ車両に…急行「つやま」の寂しい晩年

かつて、JR津山線（岡山―津山）に「快速とまったく変わらない急行」が存在した。それが急行「つやま」（1997〈平成9〉年運行開始）である。

当時の津山線には、急行「つやま」のほかに、快速「ことぶき」が運行されていた。快速「ことぶき」は現在に至るまで、キハ40形列の車両が使用されている。キハ40形列は国鉄時代に登場したディーゼルカーであり、4人掛けボックスシートを基本としながらも、ドア付近にはロングシートが配置されている。

そして驚くことに、末期の急行「つやま」の車両にも、快速「ことぶき」と同じくキハ40形列が使われていたのだ。

それも、転換クロスシートに改造することもなく、ボックスシートのままである。速達面でも快速「ことぶき」と大差はなく、なぜ急行料金が必要な列車として運行されているのか、どうにもわからない状態だった。

急行も快速も同じ形式の車両で運行されていたから、当然のごとく誤乗も多く発生した。結果的に利用客の要望を受けて、快速「ことぶき」に吸収されるかたちで2009（平成21）年3月に急行「つやま」は廃止された。

もともと、津山線は山陽と山陰を結ぶメインルートのひとつであり、岡山と鳥取を結ぶ急行「砂丘」（1962〈昭和37〉年、準急として運行開始）

キハ40形列への置き換え後も急行として走った「つやま」

が活躍していた。急行「砂丘」はデッキ付きリクライニングシート改造の急行型ディーゼルカーであるキハ58形で運行。通過駅でのタブレット授受も見られ、全国的に貴重な急行列車として沿線住民に親しまれた列車だった。

しかし、1997年11月ダイヤ改正により、急行「砂丘」は智頭《ちず》急行経由の特急「いなば」にバトンを渡し、廃止された。津山線では岡山―津山間に快速「ことぶき」を新設した。

一方、急行全廃によるイメージダウンを心配した沿線住民の声を受け、登場したのが急行「つやま」である。登場時の急行「つやま」の運行区間は岡山―智頭間で、このうち岡山―津山間で急行運転が行なわれた。車両は急行「砂丘」で使われたキハ58形を使用。その後、運行区間を岡山―津山間に短縮しながらも、急行列車としての体裁は維持していた。

転機となったのは、2003（平成15）年10月ダイヤ改正である。キハ58形の老朽化により車両の置き換えが行なわれたが、その車両があろうことかキハ40形列だったのだ。このときに急行「つやま」は車両設備も含めて、快速「ことぶき」と同等になってしまった。

キハ58形時代はそこそこあった乗車率も、減少の一途《いっと》をたどることになる。2007（平成19）年7月に芸備線の急行「みよし」の廃止にともない、急行「つやま」はJRで唯一のディーゼル車急行になったが、あまりにも寂しい晩年を迎えることになってしまったのである。

ちなみに、晩年の急行「つやま」のように、急行型車両よりも格下の車両で走る急行列車は、鉄道ファンのあいだで〝遜色《そんしょく》急行〟と呼ばれている。

「遜色」の意味を『デジタル大辞泉』で調べると「他に比べて劣っていること。見劣り」と出てくる。なかなか、辛辣《しんらつ》な表現だ。

国鉄時代は臨時列車を中心に〝遜色急行〟が見られたという。もはや、JRの定期急行列車は全廃されたことから、急行「つやま」は最後のディーゼル車急行であると同時に、「最後の定期遜色急行」と言い表すこともできるだろう。

名古屋鉄道の名物「快速特急の特別停車」とは

名古屋鉄道（名鉄）は昭和の時代からは路線距離が減ったとはいえ、現在でも営業距離は400キロメートルを超える。そして、名鉄が他の大手私鉄と異なる点は、大ターミナルの名鉄名古屋駅が中間駅であることだ。

名鉄名古屋駅のホームは3面2線だから、同駅で折り返すことは難しい。そのため、名鉄名古屋駅始発とする列車の設定は難しく、同駅を経由してロングラン走行するのが主流だ。また、名鉄名古屋駅や近くの神宮前駅で種別変更を行なうのがお家芸である。支線への直通列車もあるため、支線内での種別変更も起こりえる。

2024（令和6）年11月時点で、名鉄では3回も種別変更する列車が存在する。たとえば、名古屋本線豊橋駅の西隣に位置する伊奈駅6時36分始発（平日）の名鉄名古屋駅・須ヶ口《すかぐち》駅経由の弥《や》富《とみ》行きだ。

この列車は伊奈―新安城《しんあんじょう》間は普通、新安城―神宮前間は急行、神宮前―須ヶ口間は準急、須ヶ口駅からはふたたび普通に戻り、津島線と尾西線を経由して弥富駅に到着する。また、新安城駅では西尾方面からの列車と連結する。

乗客が混乱するように思えるが、先述した列車に乗ったままで、伊奈駅から新安城―神宮前間の急行停車駅へ向かう人はまずいないだろう。なぜなら、途中の本宿《もとじゅく》駅で急行に乗り換えたほうが早く着くからだ。ロングラン運用ではあるが、それぞれの区間において違った役割を果たしている、と考えていい。

また、名鉄の名物として「特別停車」が挙げられる。特別停車とは、その種別の基本停車駅に付け加えるかたちで、ふだんは通過する駅に停車することを指す。豊橋駅7時24分始発（平日）の快

名鉄名古屋は「3面2線」の地下駅となっている

速特急新鵜沼《しんうぬま》行きは伊奈駅、国府《こう》駅に特別停車する。

2023(令和6)年3月ダイヤ改正まで、一部の特急は新木曽川駅、笠松駅を特別通過した。「特別通過」とは「特別停車」の反対で、その種別の基本停車駅を通過することだ。しかし、ダイヤ改正により、すべての特急・快速特急が両駅に停車するようになり、名鉄名物がひとつ消えた。

このように、他の都市圏から複雑に見える名鉄でも、例外をなくす、つまり「シンプル化」が進んでいる。「シンプル化」は鉄道業界のみならず、世の中全体の趨勢《すうせい》であるが、名鉄も例外ではないのだ。

名鉄が運行していた「高速」とは、どんな種別だった?

空港特急「ミュースカイ」は別として、名鉄特急は特別料金が必要な座席指定の特別車と、特別料金不要の一般車でひとつの列車を構成している。

しかし、昭和の時代はややこしかった。特別料金が必要な全車両座席指定の特急もあれば、全車両一般車の特急も存在したからだ。一応、座席指定の特急の車両側面には「座席指定」という表示はあったが、初めて名鉄を利用する人は、さぞ困惑したことだろう。何しろ、現在のようにスマホもなければ、インターネットもなかった時代である。

そこで、名鉄は1977(昭和52)年3月ダイヤ改正にて、特別料金不要な一般特急に新たな種別を与えることにした。その新種別こそが「高速」である。

さてこの「高速」と「特急」、どちらが停車駅が少なかったのだろうかというと、答えは特急である。高速が運行されていた1987（昭和62）年当時の新岐阜（現・名鉄岐阜）―豊橋間の特別停車を除く特急停車駅は新岐阜（現・名鉄岐阜）、新一宮（現・名鉄一宮）、新名古屋（現・名鉄名古屋）、金山橋（現在は廃駅）、神宮前、知立《ちりゅう》、東岡崎、豊橋だった。

高速はこれに加えて、国府宮《こうのみや》、新安城にも停車した。この「高速」という種別は、昭和時代に近鉄で運行された大阪―伊勢間の臨時列車にも用いられたが、定期列車では後にも先にも名鉄のみである。しかし、「特急」「高速」2本立て体制は長くは続かず、1990（平成2）年10月ダイヤ改正にて「高速」は廃止された。廃止にともない、現行の一部特別車の名鉄特急が登場した。つまり、「特急」「高速」2本体制は昭和後期、一部特別車連結の「特急」は平成、令和ということだ。

念のため付け加えると、快速特急と特急の関係は特急・高速2本体制とはまったく異なる。なぜなら、快速特急も特急と同様に一部特別車を連結しているからだ。

「特別快速」と「新快速」、JR東海ではどちらが格上？

これまで紹介したとおり、JR東日本は特別快速、JR西日本は新快速を快速よりも上位の種別として運行している。気になるのは東と西の中間に位置するJR東海だろう。JR東海は特別快速、

JR東海道本線（豊橋―岐阜間）の運行パターン

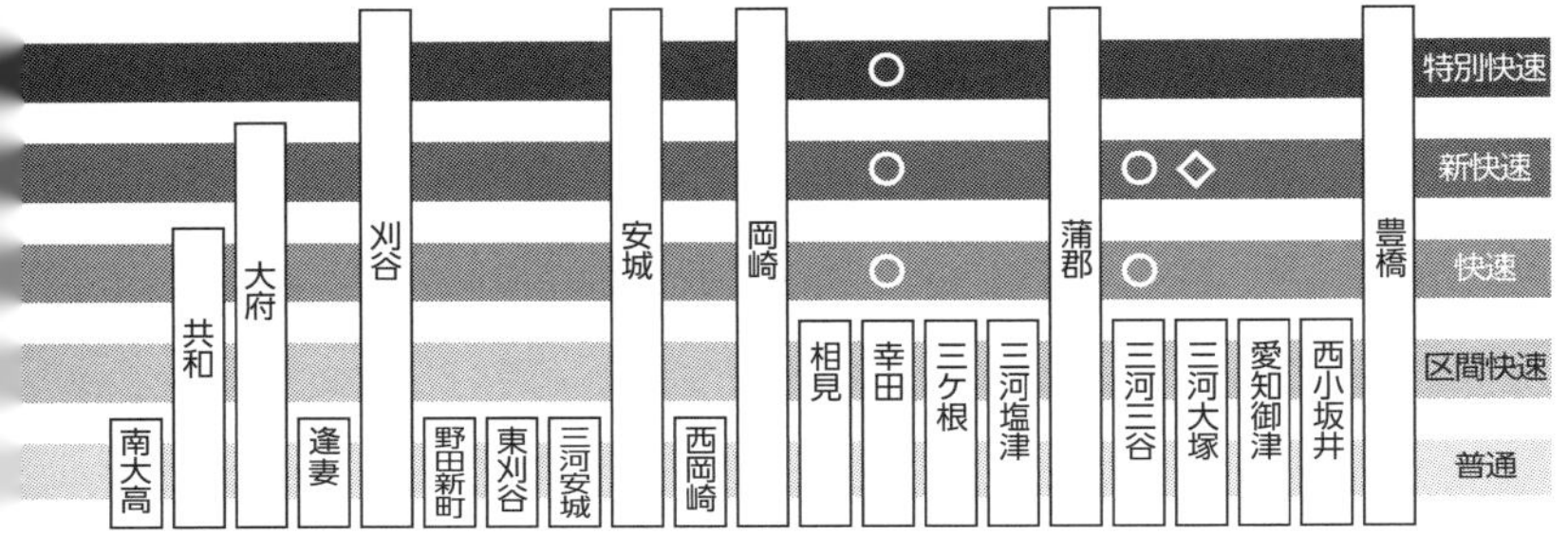

新快速のどちらも運行している。

それでは、特別快速、新快速どちらが上位になるのだろうか。

結論から述べると特別快速のほうが上位なのだが、岐阜―豊橋間102・7キロメートルを勘案すると、目立つほどの差はない。岐阜―豊橋間の新快速の途中停車駅は尾張一宮、名古屋、金山、大府《おおぶ》、刈谷《かりや》、安城《あんじょう》、岡崎、幸田《こうだ》（一部停車）、蒲郡《がまごおり》、三河三谷（一部停車）、三河大塚（一部停車）だ。このうち、特別快速は大府、幸田（一部停車）、三河三谷、三河大塚には停車しない。

そもそも、新快速と快速の位置づけも関西ほどの大差はない。快速は新快速が通過する稲沢《いなざわ》（一部停車）、共和に停車する一方、一部の新快速が停車する三河大塚は通過する。このように見ていくと、東海地区の特別快速・新快速事情は関西地区とは異なるように感じる。

そもそも、東海地区への転換クロスシート車による快速の導入は1982（昭和57）年のことであり、関西地区と

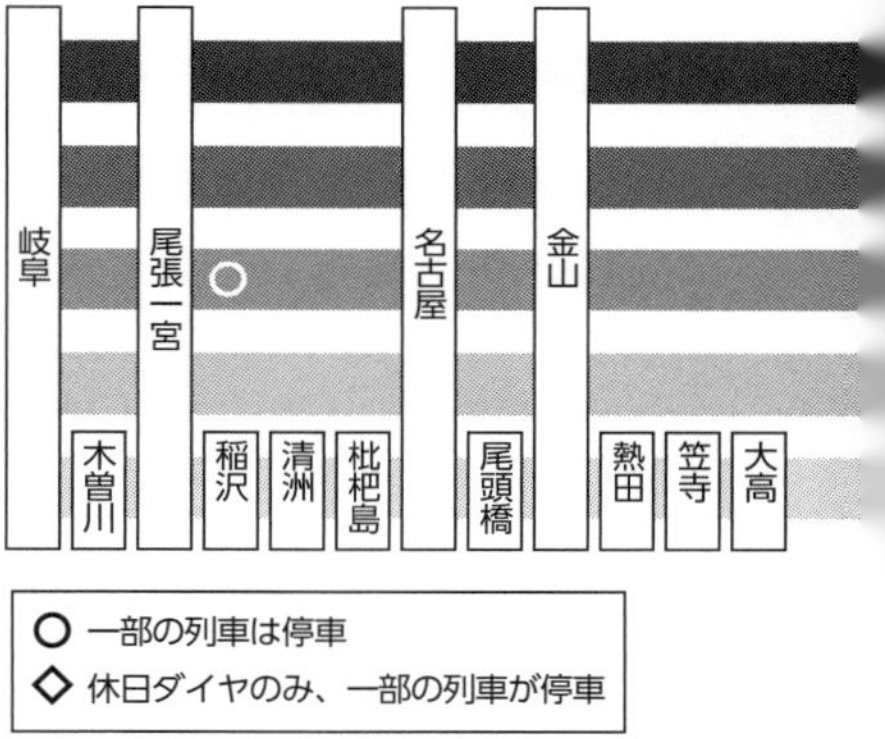

比べると遅い。当初は、浜松—大垣間に設定されたが、1時間間隔というのんびりダイヤ。使用車両は国鉄ご自慢の転換クロスシート車両117系だった。

1989（平成元）年に蒲郡—大垣間に新快速が登場する。しかし、岡崎—大垣間では快速と比較して停車駅が3駅少ないだけで、所要時間もさほど変わらなかった。

これは、東海地区の地理が関係する。新快速の停車駅は、主に人口10万人以上を有する都市の代表駅であった。東海地区はそれぞれの市が独自の経済圏を構築しているため、無視するわけにはいかなかったのだ。翌1990（平成2）年に、新快速の全列車が新鋭の311系に置き換えられた。同時に最高時速120キロを達成し、ようやく快速との差別化が図られた。

特別快速が登場したのは、1999（平成11）年である。特別快速の停車駅は、既存の新快速の停車駅から大府駅を引いただけであった。一方、新快速は一部が幸田、三河三谷にも停車するようになった。

なお、このダイヤ改正では、朝夕ラッシュ時に武豊《たけとよ》線から大府を経て名古屋へ至る区間快速が設定された。改正前にも武豊線からの名古屋行き快速は存在していたものの、本数は少なく、車両も国鉄型気動車だった。しかし、この改正時に使用車両は電車と劣らぬ性能を持つ気動車キハ75系となった。区間快速を停車させて大府駅を利用する乗客の便宜《べんぎ》を確保したうえで、大府駅通過の特別快速を設定した、というわけだ。

このように、東海地区のＪＲ線では、ＪＲ東日本、ＪＲ西日本とは異なる独自の発展を遂げたのである。

通過はたったの2駅という「区間快速」がある

区間快速自体はさほど珍しい種別ではないが、わずか2駅しか通過しない区間快速が２０２４（令和６）年3月ダイヤ改正で登場した。路線は中央本線の名古屋―中津川間だ。

この路線はダイヤ改正以前には快速が存在したが、この快速は停車駅が多いことで知られていた。名古屋―中津川間の途中停車駅は金山、鶴舞《つるまい》、千種《ちくさ》、大曽根《おおそね》、勝川《かちがわ》、春日井、高蔵寺《こうぞうじ》、多治見《たじみ》―中津川間の各駅だった。通過駅は新守山、神領《じんりょう》、定光寺《じょうこうじ》、古虎渓《ここけい》の計4駅である。

昼間時間帯（11～14時台）における名古屋駅発の運行本数は1時間あたり快速3本、普通5本。名古屋―中津川間の所要時間（快速）は76分を要した。

では、２０２４年3月改正で変わった要素について見ていこう。

まず、昼間時間帯に区間快速を新設。昼間時間帯の快速はすべて区間快速になった。停車駅は新たに新守山と神領が加わり、ついに通過駅は定光寺と古虎渓のみとなった。定光寺と古虎渓はとも

快速停車駅のひとつJR東海の勝川駅

名古屋―中津川間は全列車が315系で運行されている

に山間にある駅で、利用者数は極端に少ない。一方、新守山と神領は1日あたり7000人以上の乗車人員があった。1時間あたりの列車本数（名古屋駅発）は区間快速3本、普通3本となった。新守山、神領は1本増、定光寺─中津川間は変わらず、それ以外の駅は2本減だ。

近年、名古屋都市圏では減便が相次いでいるとはいえ、区間快速になったことでサービスが大幅に低下したように見えるが、実態は異なる。

このダイヤ改正で、名古屋─中津川間の快速、区間快速、普通に使用する車両がすべて、2022（令和4）年登場の315系に置き換わった。その結果、最高時速130キロメートル運転が実現し、朝夕時間帯の所要時間が短縮されたのだ。

在来線での最高時速130キロ運転自体はそれほど珍しくないが、普通列車の時速130キロ化は特筆に値する。このように、最高時速の引き上げによって、従来の快速より停車駅が増えても所要時間は変わらないというわけだ。

中央本線でとられた手法は、全国的にもよく見られる。優等種別の停車駅が増加すると、速達サービスが軽視されたように感じるが、よくよく見ると、最高時速の引き上げやATS（自動列車停止装置）等の改良によって所要時間の相殺が行なわれているケースがあるのだ。

ニュースで「優等種別の停車駅増加」が報じられたら、落胆する前にぜひ、鉄道会社のプレスリリースもチェックしていただきたい。鉄道会社の意外な創意工夫が発見できるかもしれない。

7章

東日本の鉄道、こだわりの種別事情

「特急の各駅停車区間」、関西と関東ではどんな違いが？

関東大手私鉄と関西大手私鉄のあいだには、種別に対する考え方の差異が存在する。たとえば、特別料金不要の特急だ。

関西大手私鉄では、自社線内で特急が5駅以上連続して各駅に停車するのは阪神が運行する黄色帯の直通特急と特急のみだ。一方、関東大手私鉄では京急電鉄、京王電鉄、京成電鉄、東武鉄道の自社線内において、5駅以上連続して各駅に停車する特急が存在する。

京急は快特、特急ともに久里浜《くりはま》線（堀ノ内―三崎口《みさきぐち》）は各駅に停車する。堀ノ内駅の三崎口方面の時刻表を見ると、一部時間帯を除き、快特と特急が交互に運行されていることがわかる。昼間時間帯の快特は京急久里浜止まり、特急は三崎口まで行き、快特と特急合わせて1時間あたり計6本だ。さらに、京急久里浜発三崎口行きの列車が存在する。この列車は、各駅に停車するにもかかわらず、種別は快特もしくは特急だ。

京王は高尾線（北野―高尾山口）にて、特急が各駅に停車する。一方、急行は京王片倉、山田、狭間《はざま》を通過し、特急と急行の逆転現象が起きている。高尾山口駅の平日時刻表を見ると、特急は16時台まで運行されている。

ただし、京急久里浜線とは異なり、基本的に特急と普通が交互に運行されている格好だ。普通列車は北野で京王八王子からの特急に連絡する。ちなみに、急行は7時台の2本のみだ。121ページで述べたとおり、現在の特急は準特急の停車駅を引き継いでいる。準特急が高尾線内で各停化したのは2013（平成25）年2月ダイヤ改正時だ。

京成特急は本線が京成佐倉―成田空港間、成田スカイアクセス線は新鎌ケ谷《しんかまがや》―印旛《いんば》日本医大間で各駅に停車する。ただし、特別料金不要の列車のなかでの最上位種別は、本線は快速特急、成田スカイアクセス線はアクセス特急だ。両列車とも、全区間にわたり特急運転を行なう。

成田空港駅（本線）の平日時刻表を見ると、朝ラッシュ時と夕ラッシュ時・夜間に特急が運行されている。一方、昼間時間帯は快速のみの運行であり、成田空港から都心への空港アクセス輸送は成田スカイアクセス線が担当していることがよくわかる。もっとも、成田スカイアクセス線以前の本線特急も、空港へのアクセスより、沿線主要駅と都心を結ぶ役割のほうが大きかったように思う。

東武は東上線の東松山―小川町間で川越特急が各駅に停車する。小川町駅の平日時刻表（川越・池袋方面）を見ると、夕ラッシュ時・夜間のみ川越特急の池袋行きが運行されている。東上線は昔から特急の存在感が薄く、主役は急行といった感じだ。

このように、関東大手私鉄では遠近分離にもとづいて、特急であっても末端部《まったん》は各停区間になることが多い。これは関西大手私鉄の本線の多くが都市間輸送を担《にな》う一方、関東大手私鉄の本線はその多くが都心から郊外へ延びていることも一因だろう。私鉄の考え方のみならず、地理的条件も特急のあり方に影響を与えている、といっても過言ではない。

中央線快速に「特別料金不要」の種別が豊富なわけ

ここでいう中央線とは、東京―高尾間の中央線快速のことを指す。中央線快速は他の首都圏路線と異なり、中央特快や青梅《おうめ》特快といった私鉄顔負けの種別のバリエーションを有する。

2024（令和6）年11月現在、特急を別にすると平日の中央線快速には快速、通勤快速、中央特快、青梅特快、通勤特快の5種類があるのだ。なお、御茶ノ水―三鷹間の各駅停車は、中央線快速と並走する中央・総武緩《かん》行《こう》線が担っている。

それではなぜ、中央線快速はこれほど特別料金不要の種別が豊富なのだろうか。その答えは戦前にまでさかのぼる。

中央線快速は、もともと「急行」だった。国鉄の「急行」と聞くと、一般的には急行券が必要な長距離列車を

中央線快速の運行パターン

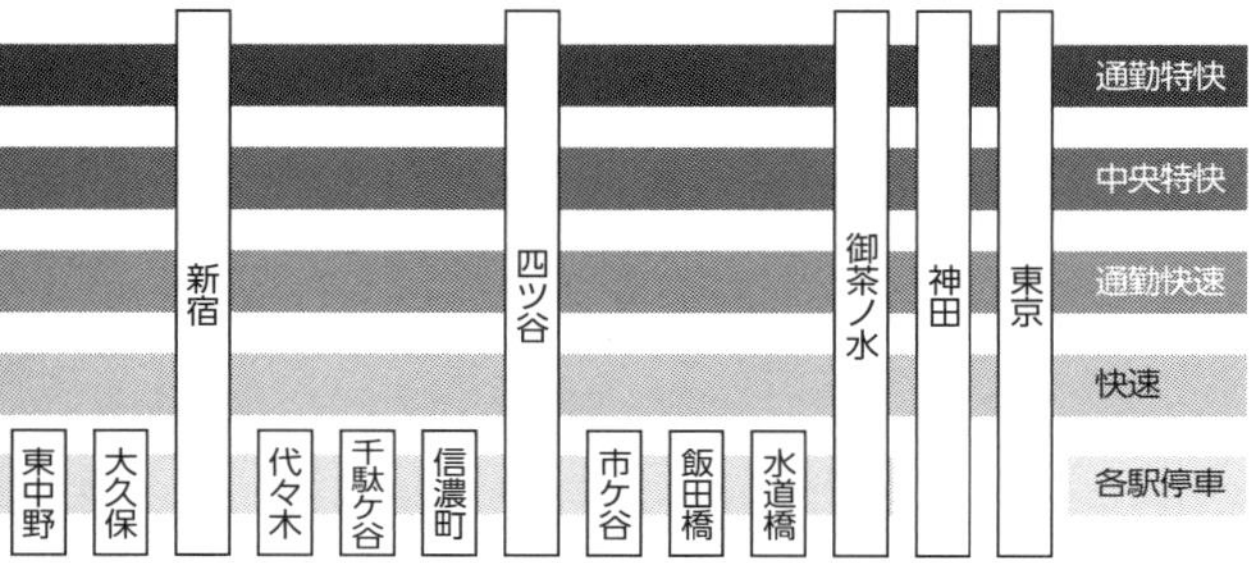

通勤特快は平日朝の上りのみ
通勤快速は平日夜の下りのみ

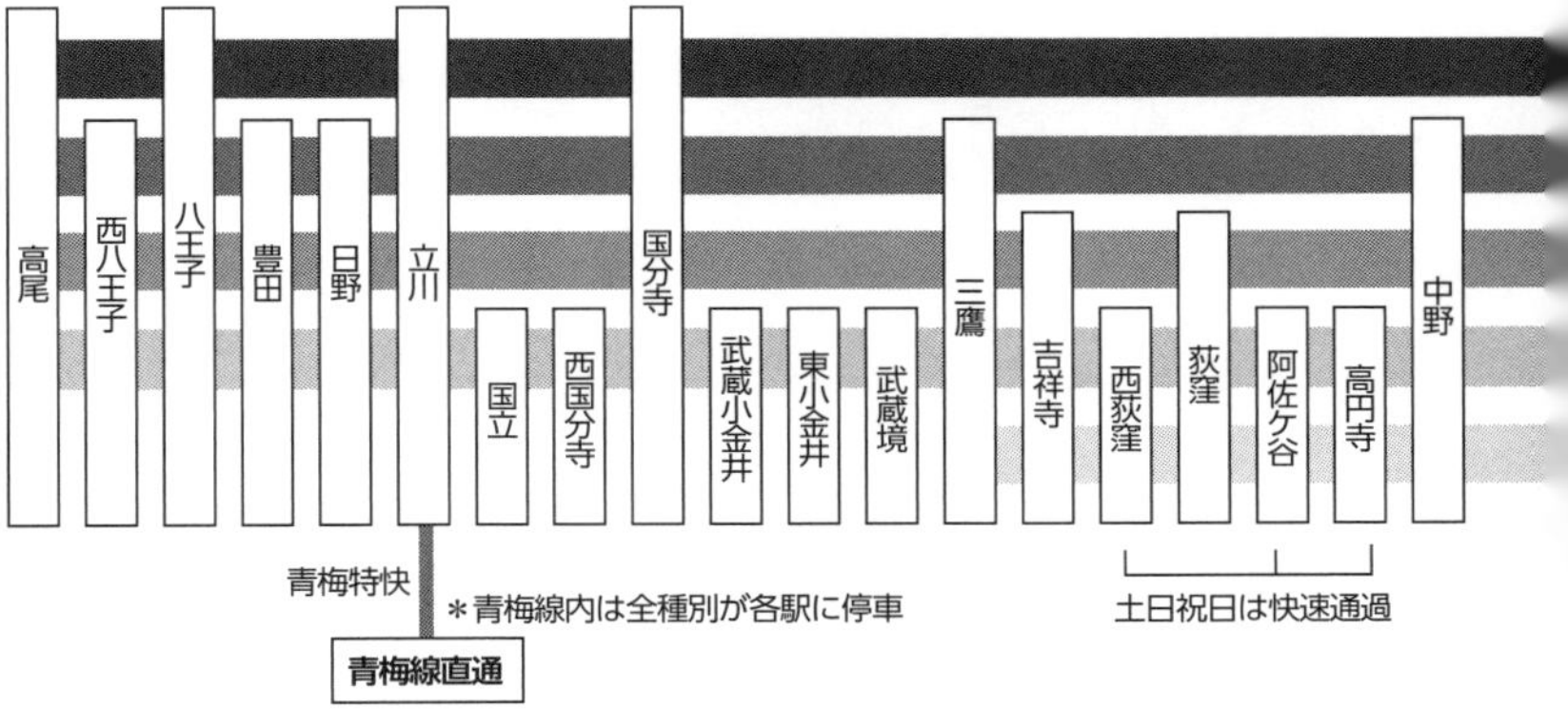

思い浮かべるだろう。しかし、中央線の急行は特別料金不要の列車だった。

この急行が快速になったのは１９６１（昭和36）年３月である。前年に新宿駅と長野県の松本駅を結ぶ急行「アルプス」が新設された。「アルプス」は特別料金が必要な急行列車であり、それまで走っていた特別料金不要の急行と混在することになるため、後者を「快速」としたのである。

１９６７（昭和42）年７月には、都心から多摩地区への速達性を確保するために、快速の上位種別である「特別快速」が誕生した。中野—立川間の停車駅は三鷹駅のみだった。

ただし、国鉄時代の中央線快速でややこしいのは、「新宿発甲府方面行き」の中距離列車が存在したことだ。東京始発の快速や特別快速との違いは、新宿—立川間がノンストップであったことだ。座席にも違いがあり、東京始発の列車はロングシート車両、新宿始発の中距離列車は4人掛けボックスシートとロングシートが混在したセミクロスシート車両だった。この中距離列車は国鉄民営化以降に廃止される。

1988（昭和63）年12月に特別快速が八王子方面の「中央特快」と青梅方面の「青梅特快」に分かれた。以降、通勤特快が誕生したのである。

都営地下鉄新宿線「急行」の存在感が薄いわけ

「地下鉄線内に通過駅がある」路線といえば、どこを思い浮かべるだろうか。もっとも有名なのは101ページでも紹介した都営地下鉄浅草線や東京メトロ東西線だろう。東急電鉄、西武鉄道、東武鉄道、相模鉄道が乗り入れる東京メトロ副都心線も捨てがたい。はたまた、小田急ロマンスカーが乗り入れる東京メトロ千代田線を思い浮かべる人もいるかもしれない。

一方で、優等種別が設定されながら、存在感が薄い路線もある。それが都営地下鉄新宿線だ。

都営新宿線は「新宿」と明記されているとおり、新宿駅を起点とする。新宿駅から京王電鉄と相互直通運転を実施しており、終着駅は千葉県の本八幡《もとやわた》駅だ。

都営新宿線には各駅停車のほかに急行が設定されている。途中停車駅は市ヶ谷、神保町、馬喰横山《ばくろよこやま》、森下、大島《おおじま》、船堀《ふなぼり》だ。都営新宿線の急行停車駅は少々〝クセ〟があり、伊勢丹新宿店の最寄り《もより》駅である新宿三丁目、東京メトロ半蔵門線と対面で乗り換え可能な九段下は通過駅である。

新宿―本八幡間の所要時間は各駅停車が42分に対し、急行は30分で結ぶ。通過駅の多さもさることながら、岩本町駅、大島駅の追い越し設備が効いている。

このように、各駅停車よりも確実に所要時間を短縮しているにもかかわらず、なぜ都営新宿線の急行は存在感が薄いといえるのか。

それは、運行本数が少ないからだ。2024(令和6)年11月現在、急行の運行本数に関して、大島・本八幡方面(新宿駅発)は平日17時～19時台に計4本、土休日は16時～18時台に計5本。新宿方面(大島駅・本八幡駅発)は平日7時～9時台に計4本、土休日7時～10時台に計4本だ。つまり、12時台や13時台といったお昼どきには設定されていないのである。

「少ないな」と思うかもしれないが、これでも以前よりは運行本数が増えている。東京都交通局は2024年3月にダイヤ改正を実施し、平日17時～19時台の本八幡方面の急行を1本から4本に増やした。また、9時台の新宿方面行きの各駅停車1本を急行に変更している。

かつては、日中時間帯も急行が運行されていたが、2022(令和4)年から2023(令和5)年にかけて減便となった。減便となった理由は、急行の利用率が低かったということだ。たしかに、都営浅草線のように空港へ向かうわけでもなく、副都心線のように都心を経由して横浜のような大都市に向かうわけでもない。日中時間帯では、急行の需要が生まれにくいということだろう。

先述したように、都営新宿線ではダイヤ改正があいついだ。現行のダイヤがそのまま定着するのか、要注目だ。

東京モノレールvs京急、利便性を種別で見ると…

都心と羽田空港のあいだには東京モノレールと京急電鉄が走り、お互いにしのぎを削っている関係だ。それでは東京モノレールと京急、どちらが便利なのだろうか。

まず、運賃は圧倒的に京急が有利だ。２０１９（令和元）年10月に空港線の加算運賃が引き下げられた。羽田空港の各ターミナル駅から品川駅までは３２７円（交通系ＩＣカード利用）である。一方、東京モノレールは羽田空港の各駅からモノレール浜松町駅まで５１９円である。

それでは、速達性はどうか。羽田空港―品川間（京急）、羽田空港―浜松町間（東京モノレール）を比較すると、昼間時間帯は京急が約15分に対し、東京モノレールは羽田空港第３ターミナル―モノレール浜松町間ノンストップの「空港快速」の利用で18分だ。

ただし、京急の約15分という所要時間は「快特」「エアポート快特」での利用であり、羽田空港―京急蒲田間を各駅に停まる特急だと約20分かかる。なお、東京駅に近いのは浜松町駅のほうだ。

次に列車本数はどうだろうか。東京モノレールは昼間時間帯において、空港快速を10分間隔で運行する。

一方、昼間時間帯の京急は1時間あたり快特・エアポート快特が３本、特急が３本だ。所要時間、列車本数は昼間時間帯を見る限り、互角と考えていいだろう。

京急の快特と互角の勝負をくり広げる東京モノレールの空港快速は、昭和島駅《しょうわじま》で普通列車を追い抜く。この追い抜き設備のおかげで、空港快速は速達性を保っている。

現行の空港快速の歴史は意外と新しく、2007（平成19）年3月のダイヤ改正で登場した。このときに、昭和島駅の追い抜き設備も新設され、現在に至っている。

そもそも、京急空港線が羽田空港直下に乗り入れたのは1998（平成10）年のこと。昭和時代の羽田空港駅は羽田空港から離れており、マイクロバスによる連絡だった。このころは都心と羽田空港とのあいだの鉄道輸送は、東京モノレールの独擅場《どくせんじょう》だったといえる。

つまり、京急との競争のなかで優等列車が生まれたというわけだ。競争によりサービスの質が向上する、好例ではないだろうか。

昭和島駅の上りホーム。向かって左側が待避線となっている

快速と特別快速のみが走る仙石東北ライン

宮城県仙台市は人口１００万人を超え、東北地方で唯一の政令指定都市として知られる。では、宮城県内で2番目に人口が多い都市はどこかというと、石巻市である。石巻市は太平洋側に面し、人口は13万人ほどだ。

政令指定都市である仙台と、県内人口2番目の都市である石巻を結ぶ快速列車がある。ところが、この快速は成田スカイアクセス線（99ページ参照）のように、バイパス線を通るという。いったい、どういうことなのだろうか。

仙台市内から石巻への基本ルートとなっているのが、ＪＲ仙石線《せんせき》だ。仙石線は仙台市営地下鉄仙台駅の接続駅である、あおば通《どおり》駅と石巻駅を結ぶ。東北新幹線と在来線は、あおば通駅の隣駅にあたるＪＲ仙台駅で接続する。

長年にわたり、仙石線は仙台と石巻を結ぶメインルートとして機能し、快速はもちろんのこと、ノンストップの特別快速も設定されていた。しかし、もともとは私鉄の路線だったということもあり、駅数やカーブが多く、スピードアップが難しい状況であった。

そこで、２０１１（平成23）年の東日本大震災を経て、２０１５（平成27）年に仙台―石巻間にバイパス路線が開通した。それが「仙石東北ライン」である。この路線は、既存の東北本線と仙石線

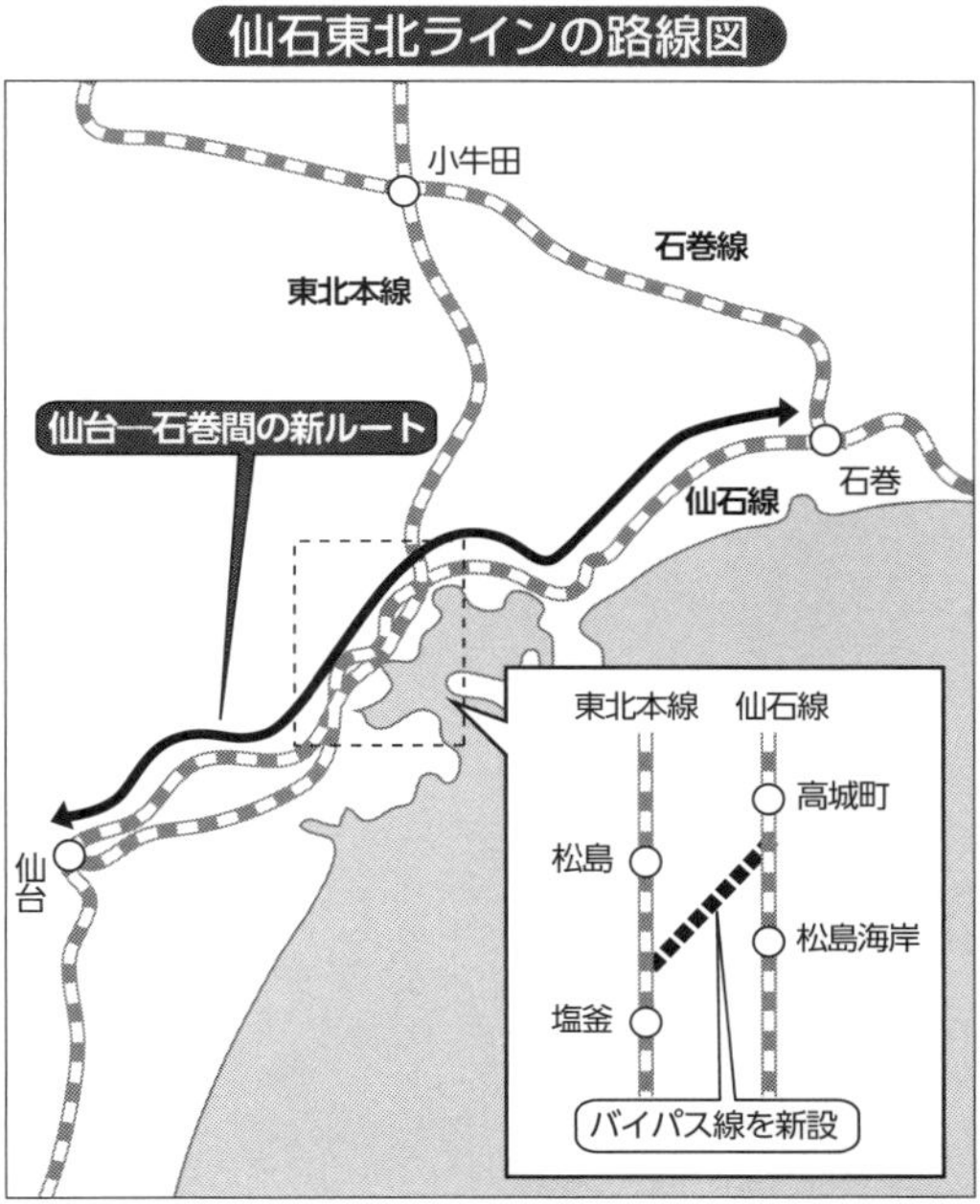

をつなぐ連絡線を設定。仙台駅を発車した列車は東北本線から仙石線に移り、石巻駅へ達する。

仙石東北ラインの種別は快速と特別快速のみで、普通列車の設定はない。主力となる快速はすべて同じ停車駅ではなく、仙台—塩釜《しおがま》間ノンストップの列車も存在する。特別快速は1日1本の設定となり、途中停車駅は塩釜、高城町《たかぎまち》、矢本のみだ。

仙台—石巻間の所要時間は特別快速が約50分、快速が約60分だ。東日本大震災以前の仙石線の快速と比較すると夕ラッシュ時は5分ほど速くなった。一方、仙石線はあおば通—高城町間は普通列車のみとなり、ローカル輸送に徹するようになった。

仙台東北ラインは車両も特別だ。ディーゼルエンジンと電気モーターを組み合わせたハイブリッド車両HB-E210系が導入された。東北本線と仙石線はともに電化路線だが、東北本線は交流電化に対し、仙石線は東北では珍しい直流電化だ。

また、接続線は非電化区間である。現

在ではハイブリッド車両は珍しくなくなったが、2015年の登場当初はまだ採用例が少なく、鉄道ファンから大いに注目された。

最後に、JR仙台駅から利用する際の注意点としては、仙石東北ライン経由の石巻行きは地上ホームから、そして、仙石線高城町方面行きは地下ホームから発車するということ。乗り間違えないようにしたい。

静岡鉄道で休止中の「急行」は復活なるか?

全国的に見て、JR線と並走する私鉄線は小まめに駅に停車する、というイメージで語られることが多い。その典型例が静岡鉄道である。静岡鉄道唯一の鉄道路線である静岡清水線は、新静岡—新清水間を結ぶ11キロメートルの路線だ。駅数は15駅もあり、平均駅間距離は1キロもない。

一方、静岡清水線と並走するJR東海道本線の静岡—清水間約11キロには、途中駅2駅を含む4駅しかない。沿線住民からすれば、「静岡県内の東海道本線は普通列車しかないから、快速が欲しい」というところだろうが、静岡鉄道と比較すると、東海道本線の普通列車は快速なみといっても過言ではない。

2024(令和6)年11月現在、静岡清水線は普通列車のみの運行となっている。ところが、同線は急行が運転されたり、されなかったり、何かと忙しい路線なのである。

コロナ禍以前は、平日朝ラッシュ時に急行と通勤急行の設定があった。急行は新静岡、県総合運動場、草薙《くさなぎ》、御門台《みかどだい》、狐ケ崎《きつねがさき》、桜橋、新清水に停車した。通勤急行は急行の停車駅に加え、日吉町、古庄《ふるしょう》に停車するが、県総合運動場には停まらない。さらにややこしいことに、新静岡行きは通勤急行、新清水行きは急行と、上り・下りによって停車駅が異なっていた。

急行と通勤急行が設定されたのは2011（平成23）年のことである。昭和から平成にかけても急行が運行されていたが、1996（平成8）年に廃止されていた。つまり、15年ぶりの急行復活であり、沿線住民を大いに驚かせた。急行が復活した2011年は大型商業施設「新静岡セノバ」がオープンするなど、新規需要が望めた時期だった。また、優等列車の設定以外にも増発が行なわれ、利便性向上と新規需要の掘り起こしに力を入れた。

しかし、静岡鉄道もコロナ禍によって利用者数が大幅に減ってしまったこと、さらには優等列車に利用客が集中していたという事情もあり、急行、通勤急行も休止に追いこまれる。2021（令和3）年10月ダイヤ改正で、コロナ禍特別ダイヤ時よりも運行本数は増加したが、急行、通勤急行の復活は叶《かな》わなかった。

また、2022（令和4）年12月ダイヤ改正では、高齢化社会への対応により、各駅の停車時間を増やした。その結果、ラッシュ時間帯は所要時間が2分延び、24分となった。

環境の変化、高齢化社会に対応したダイヤなど、さまざまな環境を勘案すると、静岡鉄道に優等列車が復活することは難しいといわざるを得ないだろう。

静岡県に「新快速」が走らない納得の理由とは

「青春18きっぷ」を使って、大阪から東京へ鈍行《どんこう》旅行をしたいというとき、大阪から豊橋までは新快速を使って快適に移動できる。一方、熱海からのJR東日本管区では、普通列車が主体となる。しかし、首都圏内は停車駅が少なく、「普通」というよりかは「快速」といった感じだ。

やはり、多くの鈍行旅行者がつらく感じる区間は、豊橋—熱海間の静岡県エリアではないだろうか。この区間は昼間時間帯において快速列車が存在しない一方、新幹線の駅は比較的多い。新幹線の接続駅に近づくたびに、新幹線への誘惑に襲われた人はけっして少なくないだろう。思わず「静岡県に新快速があれば」と毒づきたくなる。なぜ、静岡県内の東海道本線には新快速や快速が存在しないのだろうか。

まず、東海道・山陽本線を見ていくと、平日昼間時間帯に快速が走るところは、核となる中心都市が人口200万人以上という場合が多い。たとえば、新快速が走る京阪神だと、大阪市の人口は約280万人である。同じく、新快速が乗り入れる名古屋市の人口は約230万人になる。

一方、人口約70万人の岡山市、人口約120万人の広島市には山陽本線が通るが、昼間時間帯は普通列車が主体だ。例外として広島駅を起点に快速「シティーライナー」が設定されているが、土休日のみの運行だ。

静岡県の県庁所在地である静岡市の人口は約70万人だ。先に述べた要件に照らすと、わざわざ快速を設定するだけの需要はないように思える。

現に興津《おきつ》―沼津間は昼間時間帯であっても、１時間あたり普通列車3本のみだ。この３本の普通列車を減らして新たに快速を設定すれば、通過駅の利用客から不満が噴出《ふんしゅつ》するのは必至だ。

次に停車駅の選定が難しいことが挙げられる。各駅の乗車人員が多い浜松―興津間には22駅ある。２０１９（令和元）年における各駅の乗車人員を見ると、ダントツに多い駅は浜松駅（約3万７０００人）、静岡駅（約5万９０００人）だ。

この両駅を別にすると、８０００~１万１０００人台の層が乗車人員の多い駅となる。該当する駅は7駅だ。浜松と静岡を加えれば、22駅のうち、８０００人を超える駅は計9駅となり、半数に近くなる。しかも、静岡―清水間は4駅連続で８０００人を超える。これでは、速達効果も薄いだろう。ちなみに、浜松―興津間の駅間平均距離は４キロメートルを超える。大都市圏であれば、快速なみの駅間平均距離だ。

最後に、すでに平日朝夕ラッシュ時に「ホームライナー」を運行していることだろう。「ホームライナー」は沼津―静岡―浜松間で運行され、使用車両は特急型車両だ。そのため、乗車には乗車整理券３３０円が必要となる。「ホームライナー」が存在するのに、改めて快速を設定する必要はないということだ。

「青春18きっぷ」利用者の不満は残るだろうが、人口や乗車人員などの各種データをつぶさに眺めると、「たしかに快速は必要ないかも」という結論に至るのも納得できてしまうのだ。

富山地方鉄道の多彩な種別と、その工夫とは

大都市圏の郊外、地方の中核都市や山間部を走り、住民の〝暮らしの足〟となっている地方私鉄。そのなかでも富山地方鉄道（地鉄）は「地方鉄道の雄」といえるだろう。路線距離もさることながら、種別も多い。過去には、国鉄・JRからの直通列車も運行されていた。

　まずは路面電車を除く、鉄道線の概要から確認したい。拠点は電鉄富山駅だ。本線は電鉄富山―宇奈月《うなづき》温泉間となり、滑川《なめりかわ》、魚津《うおづ》、黒部などの富山県の主要エリアを通る。途中の新黒部駅から少し離れた位置には北陸新幹線の黒部宇奈月温泉駅があり、乗り換え可能だ。

　立山へのアクセス路線となる立山線は、本線の寺田駅から岩峅寺《いわくらじ》を経由し、立山駅を目指す。不《ふ》二越《じこし》・上滝《かみだき》線は正式には2路線から成り立つが、実際には1路線として運営されている。電鉄富山駅から路面電車が乗り入れる南富山駅を経由し、立山線の岩峅寺を終着駅とする路線だ。

　このうち、優等種別を運行しているのは本線と立山線である。富山地方鉄道には地方私鉄には珍しく、特急、快速急行、急行、普通の計4種類の種別がある。

　しかし、電鉄富山―宇奈月温泉間を全線走破する特急は設定されていない。特急「うなづき号」が看板列車として走っていたこともあるが、それも昔の話である。ただし、電鉄黒部―宇奈月温泉